불안한 날들을 위한 철학

일러두기

1. 이 책은 2017년 국내에서 출간된 『스탠드펌』의 전면 개정판입니다.
2. 본문의 괄호 안 글 중 옮긴이가 독자들의 이해를 위해 덧붙인 글에는 '옮긴이'로 표시했습니다. 이 표시가 없는 글은 지은이의 글입니다.
3. 본문에서 언급하는 단행본이 국내에서 출간된 경우 해당 제목으로 표기했고, 출간되지 않은 경우 원제를 직역하고 원어를 병기했습니다.
4. 책, 잡지의 제목은 겹낫표(『 』), 영화, 노래, 기사명 등은 홑낫표(「 」)를 써서 묶었습니다.

불안한 날들을 위한 철학

STAND FIRM

스벤 브링크만 지음 | 강경이 옮김

철학자가 들려주는 행복한 개인으로 사는 법

다산
초당

있는 모습 그대로
행복할 순 없을까?

"이 세상은 여러분의 굴이에요. 거기서 진주를 찾는 건 여러분에게 달렸습니다."

윌 스미스가 주연한 영화 「행복을 찾아서」는 실화를 바탕으로 한 작품이다. 불우한 환경에서도 헌신적으로 자식을 돌보며, 자신의 노력으로 억만장자가 된 주인공의 삶을 다뤘다. 실존 인물인 크리스 가드너는 영화와 동명의 자서전에서 인생을 굴과 진주에 비유했다. 어떤 어려움에 직면하더라도, 누구나 노력해서 성공하고 행복할 수 있다는 용기를 건네는 말이다. 몹시 감동적이지만, 한 가지 의문은 든다. 사실 진주가 들어 있는 굴은 매우 드물지 않은가?

그의 말에 따르면, 진주를 찾거나 못 찾거나 모두 개인에게 달린 문제다. 그렇다면 진주를 찾는 사람이 되기 위해 계속 노력하고 성장해야 한다. 그러나 오늘날 사회에 널리 통용되는 이런 믿음이야말로, 바로 우리를 행복에서 멀어지게 하고 계속 불안하게 만드는 가장 큰 원인이다.

매해 사람들의 자기계발과 자아실현을 돕는 책이 엄청나게 쏟아진다. 직장에서나 일상에서나, 유튜브와 강연, 서점 베스트셀러 목록 등 어디서든 자기계발 철학자와 성공한 멘토들의 목소리를 들을 수 있다.[1] 사회는 끊임없이 유동하고 일상도 시시각각 달라지는 가운데, 우리는 삶이라는 이 거친 바다를 뚫고 성공과 행복이란 목적지로 우리를 안내하겠다는 수많은 멘토와와 심리치료사에게 언제든 손을 뻗을 수 있다. 그렇기에 더더욱, 결국 진주를 찾지 못한 건 온전히 나만의 실패가 된다. 그런데 정말 그럴까? 성공과 실패가 온전히 나만의 몫일까?

나는 이 책에서 조금 다른 이야기를 하려 한다. 세상의 인식과 반대의 목소리를 내려 한다. 어딘가에 있을 '온전한 나'를 찾거나 끊임없이 '더 나은 나'로 계발하는 법이 아니라, 결국 진주를 찾지 못하고 조금 불완전한 면이 있더라도 있는 모습 그대로 존엄하게 살아가는 법, 자기 자리에 단단히 서서 뿌리내리며 사는 법을 말하려 한다.

이를 위해, 이 책은 긍정적 사고가 아니라 오히려 부정적 사고를 추천한다. 그리고 7가지 성공 습관이나 끌어당김의

법칙, U이론(개인의 관점을 변화시켜 현실 문제를 해결하는 코칭 이론 —옮긴이)이 아니라, 고대 로마에서 노예 출신 철학자와 철인 황제가 함께 발전시킨 한 철학으로부터 영감을 얻었다. 바로 스토아 철학이다.

흔히 철학이라고 하면 현실과는 동떨어져 있다고 생각하기 쉽지만, 이 철학은 그와 반대다. 지극히 실용적이며, 우리의 삶에 당장 적용할 수 있는 가르침들을 담고 있다. 여기서는 그런 본래 뜻을 살려, 이 철학을 일종의 '안티 자기계발'을 위한 자기계발 도구로 사용하고자 한다. 그 목적을 위해 심리학과 사회학 등 다양한 현대 학문도 함께 곁들일 것이다.

안티 자기계발을 위한 자기계발 도구로서의 철학이라니. 이 말이 처음에는 조금 이상하게 들릴지도 모른다. 그러나 조금만 참고 읽어보기를 권한다. 끊임없이 불안에 시달리는 삶이 아니라, 우리의 존엄성을 찾고 보다 의미 있는 삶을 사는 지혜를 배우게 될 테니까.

내면의 목소리에 귀 기울이지 말라 · 31
자아 중독 끊어내기

 삶은 흠투성이라는 걸 받아들여라 · 55
인생의 부정적인 면 인정하기

 때로는 과감히 '아니요'라고 말하라 · 83
세상으로부터 나를 지키는 기술

열심히 살아도
당신이 계속 불안한 이유

"지금 이 순간을 살아라!"

카르페 디엠(Carpe Diem). 오늘날 정말 많은 이가 사랑하는 격언이다. 지난 과거도, 아직 오지 않은 미래도 아닌 '현재'만을 살라는 말은 얼마나 멋진가? 그런데, 여기서 고민할 문제가 하나 있다. 대체 그 '현재'는 어디에 있다는 말인가?

요즘 세상은 너무 빨리 바뀐다. 그냥 빠르다고만 말하는 게 부족할 만큼 초고속으로 변화한다. 비트코인, NFT, 메타버스와 같은 새로운 기술의 이름이 매스컴에서 끊임없이 쏟아지고 SNS에서는 새로운 음식과 패션 유행이 쉴 새 없이 지나간다. 스마트폰은 새로 사자마자 구형이 되고, 사람들은 이제 '신상 카페'를 찾는 걸로 모자라 '가오픈 카페'를 찾아 헤맨다. 최신 유행은 좇아가려는 순간 이미 뒤처져 버리므로, 우리는 유행을 미리 앞서가야 한다!

이처럼 '현재'가 빠르게 휩쓸려 지나가는 경향은 직장에서도 마찬가지다. 직장에서 쓰는 IT 시스템은 익숙해지기도 전에 새로운 버전을 설치하라는 알림이 뜬다. 까다로운 직장 동료와 잘 지내는 방법을 막 터득할 때쯤에는, 조직 개편으로 완전히 바뀐 새 팀에 다시 적응해야 한다. 어디 그뿐인가? 온갖 교육 프로그램을 통해 끊임없이 학습하고 경쟁력을 강화할 것을 요구받는다. 이런 사회에서 유일하게 변함없는 것은 모든 것이 끝없이 변하리라는 사실, 어제 배운 것이 내일이면 구식이 되리라는 사실뿐이다. 평생학습과 능력개발은 우리 시대를 관통하는 중요한 개념이 되었다.

그렇다면, 대체 언제까지 달려야 할까?

좋다. 일단 빨리 성공하기 위해, 좀 더 행복해지기 위해, 지금 당장 열심히 변화하고 성장해야 한다고 치자. 그런데, 대체 이 달리기 경주의 결승점은 어디인가?

사회학자들은 우리 시대를 액체에 비유한다. 일정한 형체 없이 그릇에 따라 계속 모양이 바뀌는 물과 같다는 것이다.[1] 무엇보다 '시간'이 그렇다. 앞서 우리는 '현재'의 중요성을 강조했지만, 사실 우리에게 과거와 현재의 구분은 매우 모호해졌다. 마치 빠르게 움직이는 러닝 머신 위를 달리는 것처럼, '현재'에 머물기 위해서는 끊임없이 발을 굴러야 한다. 기업은 변화하는 수요와 기준에 발맞추어야 하고, 직원들은 그 변화에 유연하고 민감하게 대처해야 한다. 언제까지? 그건 아무도 모른다. 지난 수십 년간 기업들이 찾아온 인재상은 다음과 같다. "유연하고 변화에 잘 적응하며 전문성 개발과 자기계발에 열린 인재를 찾습니다." 다른 사람이 모두 앞으로 갈 때 제자리에 그대로 서 있는 사람은 뒤처진다. 그것은 현재에 충실한 것이 아니라 뒤처지고 거꾸로 가는 것이다. 지금 이 순간을 살고 싶은가? 그럼 더 열심히 뛰어라!

이 유연하고 소비자 중심적인 사회, 즉 '액체 근대'의 제 1법칙은 무엇이든 '따라가야' 한다는 것이다.[2] 그러나 모든 것이 끊임없이 빨리 변화하는 사회에서 뭔가를 따라가기란 점점 힘들어진다. 그야말로 24시간이 모자라다. 우리는 이제 1970년대보다 하루 평균 30분을 덜 자며, 19세기와 비교하면 2시간 가까이 덜 잔다.[3] 우리 삶의 거의 모든 면에서 변화의 속도가 빨라졌다. 평생직장 개념이 없어져서 직업을 바꾸는 일도 잦아졌고, 옷을 입거나 식사를 하는 것까지 모든 면에서 속도가 빨라졌다. 패스트푸드라는 말이 새삼스러운 게, 사실 우리의 평소 먹거리 중 '패스트푸드'가 아닌 게 있던가? 얼마 전, 나는 스프리츠(Spritz)라는 앱을 시험 삼아 써봤다. 1분당 독서 속도를 250단어에서 500~600단어까지 끌어올려 준다는 애플리케이션으로, 이것을 이용하면 소설 한 권을 한두 시간 만에 뚝딱 읽을 수 있다고 한다. 시간을 아껴준다니, 얼마나 쓸모 있는가! 그런데 잠깐, 빨리 읽는 게 문학을 더 잘 이해하는 데 도움이 될까?

뭐든지 '빠르게'를 외치는 흐름을 비판적으로 보는 사람들은 오히려 우리가 점점 더 시간 부족을 느끼며 살게 됐다고 말한다. 변화의 속도가 워낙 빠르다 보니, 자신의 일과 삶에서 스스로 소외되기 쉽다고도 말한다. 이론상으로는 기술이 발달할수록 우리는 시간의 제약에서 자유로워진다. 당장 세탁기나 로봇청소기, 식기세척기 같은 물건들만 떠올려봐도 쉽게 알 수 있다. 그러나 그렇게 '자유로워진' 시간에 우리는 무엇을 하는가? 여유를 즐기며 나를 돌보거나 아이들과 놀러 다니거나 연인과 함께 도자기를 만들거나 정치 문제를 토론하는 데 시간을 쓸까? 현실은 다르다. 우리는 그렇게 얻은 시간을 새로운 프로젝트를 벌이는 데 쏟아부으며,

안 그래도 빽빽한 다이어리를 더 꽉꽉 채우고 있다. 더 빨리 '경제적 자유'를 얻고, 더 빨리 '조기은퇴'해서 여유롭게 살기 위해서? 그렇다면 애초부터 조금씩이라도 일상의 여유를 찾으면서 살면 안 되는 걸까?

왜 속도가 그 자체로 삶의 목적이 되었을까? 종교 유무와 상관없이, 우리는 모두 이 지상에 머무는 짧은 시간에 할 수 있는 한 많은 것을 채워 넣으려 애쓴다. 물론 대부분 실패할 수밖에 없는 헛된 노력이다. 많은 이가 유례없는 물질적 풍요를 누리고 인터넷과 SNS 등을 통해 타인과 상시 연결된 상태로 살아가지만, 행복은커녕 우울증과 번아웃이 유행병처럼 번지고 있다. 이건 오히려 감당할 수 없을 정도로 빨라지는 현대의 가속화 문화 때문에 생겼는지도 모른다. 그 문화에서 속도를 늦추는 사람, 천천히 가거나, 혹은 가던 길을 아예 멈춰버린 사람은 설 자리가 없어 보인다. 도태되거나 어리석은 사람으로 여겨지기도 한다. 사회 속에서 그의 자리가 배제되어, 결국 우울증 진단을 받을지도 모른다.4

끊임없이 빨라지는 문화를 우리는 어떻게, 언제까지 따라가야 할까? '따라간다'는 말에는 빠른 변화에 끊임없이 적응할 마음, 자기계발과 성장에 계속 매달릴 마음이 있다는 뜻이 들어 있다. 이른바 '평생학습'이다. 여기에 회의적인 사람들은 평생학습을 '공부하다 죽기'라고 말한다. 그야말로 죽어서야 멈출 수 있는 것이다. 회사는 또 어떤가? 아마 직장을 다닌다면, 수평적 경영 구조와 책임 위임, 자율적 팀 운영 같은 말들을 익숙하게 들었을 것이다. 일과 사생활의 경계가 흐릿하거나 아예 없는 것도 또 다른 특징이다. 이런 조직에서 가장 중시되는 것은 우리의 개인적, 사회적, 정서적 능력과 학습 능력이다. 굳이 상사가 명령을 내리지 않아도, 우리는 다른 사람과 협상하고 함께 일하며 많은 일을 결정해야 한다. 여기에 적응하는 사람은 빠르게 승진하고 고액 연봉을 받는 게 당연하고, 그러지 못한 사람이 도태되는 것은 자연스럽고 '공정'한 일이다. 모든 것이 나의 자유의지와 능력에 달려 있으므로, 그에 따른 모든 결과와 책임 또한 전적으로 내 몫이다! 이것이 많은 이가 공감하는 우리 시대의 가치관이다.

이런 흐름에서 예전에는 개인 영역으로만 여겨졌던 온갖 인간관계와 활동들도 공적인 능력개발을 위한 도구가 되었다. 심지어 감성과 개성마저도! 만약 당신이 이 사회의 빠른 속도를 견디지 못한다면, 또는 너무 느리거나, 활기가 부족하거나, 주저앉아 있다면, 인생코칭이나 올바른 스트레스 관리법, 마음챙김 명상, 긍정적 사고 같은 치료법들을 줄줄이 처방받게 될 것이다.

사실, 우리를 둘러싼 모든 것이 점점 더 빨리 움직이는 세상에서 쉽게 방향과 시간 감각을 잃는 건 당연하다. 과거를 생각하는 일은 퇴행으로 여겨지지만, 미래 역시 뚜렷하고 안정적인 삶의 궤도에 있다기보다는 단편적인 가상의 순간들로 보일 뿐이다. 계속해서 너무 빨리 변하니까. 온 세상이 짧은 순간에 이렇게 집중하는데 과연 누가 긴 시간을 위한 계획을 세울 수 있을까? 그런 계획을 세워보려고나 할까? 어차피 모두 또 달라질 텐데 왜 그런 것에 신경을 써야 할까? 그럼에도 당신이 굳이 장기적인 이상과 변함없는 삶의 목적 혹은 가치 같은 것에 매달린다면, 아마 답답한 사람이라는 소리나 들을 것이다.

우리는 투덜대는 소리를 더 이상 듣고 싶지 않다. 부루퉁한 얼굴도 더 이상 보고 싶지 않다. 불만과 비판은 억눌러야 한다. 그건 부정적 생각의 근원이다. "긍정적으로 생각하라. 그리고 해결책을 찾아라." 이것이 우리 시대가 되뇌는 주문이다. 아무 소리 말고 '우리가 잘하는 일을 열심히 할 때' 성공한다는 걸 다들 알고 있지 않나?

지금 멈추고, 뿌리내려야 하는 이유

가속화 사회에서는 유동성이 안정성을 이긴다. 발 빠르게 움직여야 한다. 액체처럼 상황에 맞게 다양한 모습으로 변화할 수 있어야 한다. 다양한 장단에 맞춰 춤출 줄 알아야 언제 어디로든 흘러갈 수 있으니까. 안정성과 뿌리내리는 삶은 그와 반대다. 한자리에 굳건히 있는 것이다. 꽃줄기처럼 유연하게 휠 수는 있지만, 뿌리째 뽑아 옮기는 일은 그만큼 쉽지 않은 삶을 뜻한다.

그러나 가속화 사회에서도 '뿌리를 내린다'라는 표현은, 살짝 예스럽게 느껴지긴 하지만, 여전히 긍정적 어감을 지니고 있다. 뿌리를 내리는 것은 가족, 친구, 공동체를 포함한 다른 사람들이나 우리의 꿈과 이상, 어쩌면 우리가 충성심을 느끼는 직장에 연결되는 일이다. 물론 요즘에는 이 표현의 긍정적 어감이 약해지는 경향이 있고, 통계로 봐도 뿌리를 내리는 사람이 점점 줄고 있다. 우리는 지난 세대보다 직장과 거주지를 더 자주 옮기고 배우자를 더 자주 바꾼다. 요즘에는 '뿌리를 내린다'보다 '매여 산다'는 표현이 많이 쓰이는데, 이는 결코 긍정적인 의미가 아니다.

이런 현상은 광고에서 뚜렷이 볼 수 있다. 광고는 자본주의의 '시'다. 짧지만 강력한 카피와 은유로 사람들을 매혹하며, 사회의 잠재의식과 상징구조를 드러낸다. 세계 곳곳에 지점을 가지고 있는 인터콘티넨털 호텔은 예전에 이런 광고를 했다. "모두 둘러보기 전까지는, 당신 마음에 쏙 드는 곳을 정하지 마세요." 이 문구 옆에는 열대지방의 섬을 찍은 사진과 함께 이런 질문이 있었다. "당신은 인터콘티넨털 라이프를 살고 있습니까?"

달리 말해 세계 모든 곳에 가보기 전에는 '나의 장소', '안식처'라고 부를 만한 '연결된' 느낌을 갖지 말라는 말이다. 이것은 마치 괴테가 그려낸 『파우스트』의 딜레마와 같다. 악마와 계약한 파우스트 박사는 자신이 뿌리내릴 만한 장소를 찾아 헤매지만, 결국 만족하고 "멈추어라!"라고 말하는 순간 지옥으로 끌려간다. 궁극의 행복을 좇기 위한 금단의 계약이었지만, 결과적으로 결코 만족해서는 안 되는 상황에 처한 것이다.

이런 삶은 유동적인 삶의 극단에 가깝다. 한 곳에 매여 있는 삶은 세상의 다른 근사한 장소들로부터 단절된 삶이다. 삶의 다른 면에 이 메시지를 대입해 보라. 비교적 널리 퍼진 이 메시지가 얼마나 터무니없는 소리인지 알게 될 것이다. 모든 직업을 다 시도해 볼 때까지는 정말 좋아하는 '궁극의 직업'을 찾을 수 없다. 또한, 모든 잠재적 연인을 만나보기 전까지는 좋아하는 '이상적 배우자'를 찾을 수 없다. 동의할 수 있는가?

유동적인 삶을 선호하는 오늘날의 많은 사람이 연인과 배우자, 친구를 비롯해 다른 사람들과 안정적인 관계를 지속하는 데 어려움을 겪는다. 이런 관계를 순수한 관계라 부를 수도 있겠다. 순수하게 감정에만 바탕을 둔 관계니까.[5] 순수한 관계에서는 상대에 대한 책임이나 의무 같은 것은 없고, 타인과 소통할 때 어떤 정서적 효과를 얻느냐만 중요해진다. 그 속에서 인간관계는 일시적이며 대체 가능하다. 이게 정말 올바른 생각일까? 이런 태도가 우리를 만족스러운 삶을 살게끔 도와줄까? 결코 아닐 것이다.

이 책은 지금까지 살펴본 것처럼, 오늘날 우리 사회가 뿌리를 내리는 삶, 곧 안정적인 삶을 살기가 어려워졌다는 전제에 기반을 둔다. 모두가 유동성에, 앞으로 내달리는 일에만 사로잡혀 있다. 가까운 미래에는 아마 이런 흐름을 어쩌지 못할 것이다. 그렇다고 아예 과거로 돌아가는 게 바람직하다는 말이 아니다. 가속화 문화는 기술을 발달시키고 우리가 물질적 풍요를 누릴 수 있게끔 해주었으며, 개인을 얽매던 구시대의 온갖 구속들로부터 사람들을 해방시켰다. 물론 제한된 해방이자, 또 다른 구속을 불러왔지만 말이다.

안타깝게도 많은 사람이 자신들은 '무엇이든 할 수 있다'고 믿는다. 특히 젊은이들은 '무엇이든 할 수 있다'는 말에 솔깃하기 쉽다. 그러나 이런 믿음 속에서, 내가 어떤 일을 해내지 못할 때는 당연히 자책하게 된다. 일이나 사랑에 실패한다면 그건 당연히 '나'의 책임이다. 곧, 모든 실패의 원인이 개인으로 수렴한다. 그러니 이런 실패가 자기 잘못이 아니라는 진단과 위안을 얻기 위해 정신건강의학과를 찾는 사람들이 많아지는 건 당연하다.[6]

여기서 광고 문구를 하나 더 살펴보자. 세계적 제약회사 글락소스미스클라인의 광고다. 그들은 '해피필(happy pill)'이라는 항우울제를 만드는데, 이렇게 광고한다. "더 많은 일을 하며, 더 기분 좋게, 더 오래 살자." 정확하게, 가속화 문화가 매달리는 핵심 목표다. 글락소스미스클라인은 모든 사람이 이런 목표를 이루도록 향정신성 약물로 도움을 주겠다고 한다. 더 많은 것을 하도록(무엇이든 관계없이?), 더 기분 좋게(무엇이 감정을 자극하든 상관없이?), 더 오래 살도록(연장된 삶의 질이 좋든 말든?) 말이다.

가속화 문화에서 우리는 더 많이, 더 잘 해야 하고, 더 오래 해야 한다. 일의 내용이나 의미는 거의 중요치 않다. 자기계발은 이제 도구가 아닌 목적이 되었다. 그리고 모든 것이 자아를 중심으로 돌아간다. 사회학자 지그문트 바우만이 '전지구적인 회오리'라 묘사한 이 세상에서, 무방비 상태에 있다고 느낄 때 우리는 자아에 더 매달리게 된다. 하지만, 역설적으로 그렇게 함으로써 딱하게도 우리는 한층 더 심한 무방비 상태에 빠진다.[7] 이제 악순환이 시작된다. 불확실한 세상을 지배하기 위해 사람들은 더 내면에 몰두하지만, 그럴수록 개개인은 고립되며 세상은 점점 더 불확실해진다.

변화와 성장이 현대 문화의 핵심이고 뿌리를 내리는 일이 갈수록 어려워지는 오늘날, 우리는 무엇을 할 수 있을까? 사람들의 어깨를 내리누르는 부담스러운 자기계발에 하나를 더 추가할지 모른다는 위험을 무릅쓰고 나는 '굳건히 서 있는 법'을 배워야 한다고, 어쩌면 늦기 전에 당신이 발 디딜 곳을 찾으라고 주장한다. 생각보다 힘든 일이다. 우리는 개발, 변화, 변신, 혁신, 학습 같은 가속화 문화를 끌고 가는 온갖 역동적 개념에 에워싸여 있다. 단단히 서 있고 싶지 않은 사람도 있을 것이다. 이런 가속화 문화에서 문제없이 잘 지내는 사람은 굳이 단단히 서 있고 싶지 않을지 모른다. 그러나 시간이 흐를수록, 그들도 이유 없는 불안 속에서 결국 존엄을 잃고 삶의 중요한 면을 놓치고 말 것이다.

나의 불안을 치료할 백신 같은 철학

현대인을 괴롭히는 불안을 근본적으로 치료하기 위해서는 일종의 정신적 백신이 필요하다. 나의 처방전은 철학이다. 특히 가속화 문화에서 불안 없이 생존하는 법, 단단히 서있는 법을 배우기 위해선 스토아 철학으로 눈을 돌려야 한다. 이 고대 철학이 강조하는 자기통제, 마음의 평화를 얻는법, 존엄과 의무, 삶의 유한한 본성에 대한 성찰 같은 가르침은 우리에게 평안과 지혜를 준다. 스토아 철학의 덕목들은 끝없는 변화와 발전을 얄팍하게 강조하기보다는 우리가 일상적 삶에서 더 깊은 충만감을 느끼도록 한다.

이 철학은 물론 그 자체로도 매력적이며 서양철학의 주춧돌 가운데 하나지만, 이 책에서는 순전히 실용적인 이유로 스토아 철학을 다룬다. 왜 하필 스토아 철학인가? 나는 이 철학이 실용성을 강조한 점이 마음에 들었다. 그래서 나 역시 철학을 당대의 맥락에서 정확하게 해석하고 설명하는 일보다는 그것을 우리 시대에 적용할 수 있는 지점들을 찾기로 했다. 나는 이 책에서 고대 그리스에서 유래했고 나중에 로마의 세네카, 에픽테토스, 마르쿠스 아우렐리우스, 그리고 키케로까지 포함되는 스토아 철학의 역사나 사상적 의의 같은 걸 소개하려는 게 아니다.[8] 나는 스토아 철학을 선택적으로 사용할 것이며, 요즘 우리가 살아가면서 부딪히는 어려운 문제들에 답을 찾기 위해 그 철학의 몇몇 기술을 빌리려 한다. 간단히 정리하면 다음과 같다.

- 모두가 '당신이 이룰 수 있는 무한한 가능성을 생각해 보라!'며 긍정적 시각화를 찬양하지만, 반대로 스토아 철학자들은 '당신이 가진 걸 거의 잃었을 때, 마지막까

지 남는 건 무엇인가?'를 고민하라고 말한다.

- 모두가 기회는 얼마든지 있을 것이라고 조언하지만, 스토아 철학자들은 자신의 한계를 인정하고 즐기라고 말한다.

- 모두가 감정을 자유롭게 발산하라고 주장하지만, 스토아 철학자들은 자기 절제를 배우고 가끔은 감정을 억제하라고 조언한다.

- 모두가 죽음을 피해야 할 금기처럼 여기지만, 오히려 스토아 철학자들은 매일 자신의 유한한 삶을 생각하며 지금의 삶을 고맙게 여기라고 말한다.

이 책은 어딘가에 발 딛고 서 있고 싶지만 그러고 싶다고 말하지 못하는 사람들을 위한 책이다. 혹은 발 딛고 설 곳을 찾으려고 노력하다가, 융통성이 없다거나 까칠하다거나 지나치게 보수적이라는 평가만 들었던 사람들을 위한 책이다.

우리 사회에는 불안과 불확실성이 팽배하다. 누구도 가만히 있기가 힘들어서, 온갖 심리학과 자기계발 기술이 난무한다. 심리학적 관점에서 보자면 이런 행동은 집단적 의존증과 비슷하다. 칼 세데르스트룀과 앙드레 스파이서는 이를

웰니스 신드롬(Wellness Syndrome)이라 부른다.[9] 마치 담배와 알코올에 중독된 사람들처럼, 점점 더 많은 사람이 인생 멘토, 자기계발 강사, 건강 전문가의 충고에 의존한다. TV와 유튜브 채널 등에서 다양한 전문가가 변화와 성장을 돕겠다고 한다. 수많은 책이 쏟아져 나와 자기계발을 응원하고 격려한다. 서점 베스트셀러 목록을 한번 훑어보라!

그래서 나도 이 책을 자기계발서 양식인 '7단계 안내서'를 흉내 내서 써봤다. 역설적으로 이를 통해 자기계발, 변화와 성장에 관한 일반적 생각을 뒤엎고 싶었다. 독자들이 요즘 우리 사회에 퍼진 시대정신의 문제가 무엇인지를 자신의 삶 속에서 깨닫게 되기를 바란다. 그리고 끊임없이 성장과 변화만 권하는 흐름을 되받아칠 지혜를 익히기를 바란다.

간단히 말해, 이 책은 일종의 '안티 자기계발서'이자, 변화와 성장만 강요하는 사회의 명령에 말대꾸할 언어를 찾는 독자들을 위한 책이다. 우리가 마주친 생태, 경제, 심리적 위기는 대개 끝없는 성장과 사회 전체의 가속화를 부추기는 편협한 시대정신이 낳은 결과다. 물론 스토아 철학이 만병통치약은 아니다. 하지만 끊임없는 불안 속에서 길을 찾아 헤매는 대신, 지금 당신이 가진 것들을 토대로 한층 더 단단한 삶을 살아가는 새로운 방법을 찾도록 영감을 줄 것이다. 보수주의자의 주장처럼 들릴지도 모르겠지만, 나는 모든 것이 점점 빨라지는 사회에서는 일종의 보수주의가 사실상 진짜 진보적으로 세상을 보는 관점이라 생각한다. 역설적이게도 계속된 변화에 따르지 않고 굳건히 서 있는 사람이 미래에 대처할 준비가 더 잘 된 사람이다.

모든 자기계발서는 틀렸다! 이 책만 빼고

물론 이 책이 사회와 제도의 근본적 문제를 해결하진 못할 것이다. 그런 문제들을 풀려면 집단적 해결책과 정치적 행동이 필요하다. 그러나 이 책이 요즘의 가속화 문화를 불편하게 여기는 독자를 조금이나마 도울 순 있을 것이다. 이 책은 내면에 몰두하는 우리 사회의 개인화에 대한 도전장이다. 하지만 역설적이게도 이 책은 개인화의 유산이기도 하다. 나는 자기계발서에서 흔히 쓰는 '7단계 프로젝트'를 흉내 내서 그 역설을 강조함으로써, 가속화 문화가 얼마나 뒤틀리고 문제가 많은지 보여주려 한다.

앞으로 살펴볼 7개의 장은 당신이 굳건히 서 있기 위해 거쳐야 할 7단계를 설명한다. 이 책의 목표는 독자들이 자기계발 강사들에 지나치게 의존하는 삶을 벗어나도록 돕는 것이다. '긍정적으로 생각하기'를 연습해 본 사람은 이 책이 우리 시대를 지나치게 우울하게 그리고 있다고 비판할지 모른다. 맞다! 그게 바로 이 책이 말하려는 것이다. 불평과 비판, 비판주의도 때로는 도움이 된다. 대세가 된 사회적 흐름 밖으로 성큼 걸어 나가는 일에는 의외로 즐거움도 있다.

이 책의 7단계를 거치는 동안 독자들은 이런 사실을 스스로 깨닫게 될 것이다. 사람들이 어떻게 욕망과 유행, 정복할 목표를 끊임없이 좇아가며, 햄스터처럼 쳇바퀴를 미친 듯이 뛰고 있는지를. 어쩌면 살짝 으스대면서 지켜보게 될지도 모른다. 그동안 얼마나 혹독한 삶을 살았는지, 그게 얼마나 미성숙하게 우리의 유한한 삶을 소비하는 방법이었는지 깨닫게 될 것이다. 물론 어린이와 청년들은 더 발전할 수 있고 유연해질 수 있다. 그러나 어른인 우리는 때로 단단히 서 있을 수 있어야 한다.

이 책이 추천하는 '부정성'에는 우리에게 힘을 주는 심리적 효과가 있다. 물론, 인생 전체에 대한 체념이나 권태, 진짜 우울로 이끄는 허무주의적 비관주의로 빠져서는 안 된다. 부정성은 그런 게 아니라, 삶에서 진짜 자신의 몫을 찾고 책임과 의무를 받아들이는 것이다. 스토아 철학자들이 말하듯 유한한 삶을 살면서 피할 수 없는 많은 문제를 성찰하다 보면, 자연스레 우리와 비슷한 운명을 지닌 타인에게 연대감을 느끼게 된다. 또한, 다양한 삶의 문제들을 성찰할 시간과 기회가 생긴다. 삶에서 정말 중요한 것, 바로 당신이 정말로 해야 할 일들에 집중하게 되는 것이다. 이를 위해 이 책이 제시하는 7단계는 다음과 같다.

1. 내면의 목소리에 귀 기울이지 말라(자아 중독 끊어내기)
2. 삶이 완벽할 수 없단 걸 받아들여라(인생의 부정적인 면 인정하기)
3. 때로는 과감히 '아니요'라고 말하라(세상으로부터 나를 지키는 기술)
4. 감정의 노예가 되지 말라(우리가 진정 의지해야 할 것들)
5. 멘토를 좇는 대신 우정을 쌓아라(건강한 삶을 위해 해야 할 일)
6. 소설을 읽어라(좋은 삶을 살기 위해 꼭 필요한 도구)

7. 당신이 뿌리내릴 곳을 찾아라(매일 반복해도 좋은 일상을
   만드는 법)

위의 권고 사항을 각 장의 서두에 제시한 다음, 왜 그렇게
행동하는 것이 옳은지를 설명하고 예를 들었다. 적절할 때
마다 스토아 철학자들의 생각을 간략히 소개했고, 그들의
생각이 어떻게 우리 사회에 만연한 불안을 치료하고, 가속
화 문화라는 질병에 저항할 면역력을 키워줄 수 있는지 보
여주려 했다. 또한, 굳건히 서 있는 데 도움이 될 실용적인
기술들도 각 장의 마지막 부분에 덧붙였다. 부록에서는 스
토아 철학을 조금 더 깊게 파헤친다. 본문을 읽고 스토아 철
학에 호기심이 생기고, 또 그 철학이 현대에 어떤 의미를 지
니는지 더 알고 싶은 독자들을 위한 부분이다.
　이 책은 독자들이 자기계발서를 이제 그만 내려놓게 할 목
적으로 썼다. 물론, 이 책 역시 자기계발서의 하나로 보일 수
있다. 어쨌든 이 책의 진정한 목표는 독자가 자기 내면에 지
나치게 집착하고 의존하거나 세상의 변화에 너무 민감하게
반응해 불안에 떨지 않고, 더 균형 잡히고 안정적인 세계관
으로 세상을 살도록 돕는 것이다.

1장

내면의 목소리에 귀 기울이지 말라
자아 중독 끊어내기

모든 답은 이미 내 안에 있다는 말을 들어본 적 있을 것이다. 다소 철학적으로도 들리는 이 말은 오늘날 남녀노소를 불문하고 많은 이에게 영감을 주었다. 사람들은 이제 '진짜 원하는 사랑', '진짜 원하는 일', '진짜 자신'을 내면에서 찾는다. 이처럼 자기 탐색과 자아 찾기는 일종의 시대정신이 되었다. 둘은 똑같지는 않지만 서로 연결돼 있다. 부모와 선생님, 친구들이 생각하는 나는 '진짜 나'가 아니다. '진짜'를 알려면 겹겹으로 나를 둘러싼 껍데기를 벗겨내고 내면의 자아에 귀 기울이는 법을 배워야 한단다.

우리는 어쩌다 어려운 상황에 처하거나 의심나는 일이 있을 때면 다른 사람에게 이렇게 조언을 구한다. "어떻게 해야 할까요? '당신' 생각을 말씀해 주세요." 그러면 으레 이런 답을 듣는다. "내면의 목소리를 따르세요." 하지만 그런 상황에서 정말 내 내면의 목소리에 집중하는 게 도움이 되던가?

수도자처럼, 갑자기 깨달음을 얻듯 정답을 찾는 경우가 얼마나 되나?

인생에서 마주하는 문제의 답을 개개인의 '내면'에서 찾아야 한다는 강박은 우리를 불안하게 만드는 대표적인 원인이다. 불안에 휘둘리지 않는 삶을 살려면, 우선 우리 안에 답이 없다는 사실을 인정해야 한다. 자기 탐색이나 자아 찾기가 유용한 점도 있지만, 거기에만 몰두할 필요는 전혀 없다.

처음에 이런 말을 들으면 반감이 생길 수도 있지만, 사실 따지고 보면 상식적인 이야기다. 어려움에 처해서 도움이 필요한 사람이 있다고 치자. 그를 도울지 말지를 우리 내면의 목소리에 따라 결정해도 되는가? 그 상황에서 생각할 것은 우리 내면이 아니라 어려움에 처한 그 사람이다. 우리가 다른 사람을 돕는 일이 '우리'에게 어떤 의미인지 따질 필요 없이, 도울 수만 있다면 다른 사람을 돕는 것이 '그 자체로' 중요하다. 아인슈타인이나 모차르트, 비트겐슈타인이 어떻게 각각의 분야에서 인류와 사회를 풍요롭게 만들었는지 알아보기 위해 "그런데 그들이 내게 무슨 의미지?"라고 묻는 것은 의미가 없다. 이럴 때 중요한 건, 우리 내면의 목소리에 귀 기울이는 게 아니라 그들이 실제로 무엇을 말하고 실천했는지에 관심을 갖는 것이다. 우리는 안이 아니라 밖을 쳐다보는 법을 배워야 한다. 다른 사람들과 사회, 문화, 자연으로 눈을 돌려야 한다. 인생을 잘 사는 법에 대한 답은 내 안에 있지 않다. '진정한 자아' 같은 건 실체가 아니라, 하나의 관념일 뿐이다. '진정한 나'를 찾고 싶으면, 내면이 아니라 밖을 주시하고 귀 기울여야 한다. 내가 바라보는 것, 행동하는 일, 내 주변 사람들을 돌아봐야 한다. 본질적으로 우리는 안이 아니라 밖에 있다.

내 안에 있는 진정한 나

이제는 자아 찾기나 자기 탐색이 진짜 우리에게 이로웠는지 물어야 할 때다. 우리는 우리 자신을 찾았는가? 우리 자신을 찾을 수 있기나 한가? 찾으려고 애쓸 가치가 있는가? "아니요"가 이 모든 질문에 대한 내 대답이다.

그런데 요즘 학생들은 교과서나 자연이 아니라 자기 안에서도 답을 찾는다. 책을 읽거나 명상을 하든, 여행을 떠나든, 심리 상담을 받든, 자기를 탐색하고 발견하는 건 행복하게 살기 위해 반드시 필요한 것으로 찬양받는다.

심지어 회사도 그렇다. 고용주는 직원들을 자기계발 강좌에 보내고 관리자는 부하 직원들에게 자기 내면과 핵심 역량을 탐색하라고 코칭한다. "매뉴얼은 당신 안에 있다." MIT 교수이자 세계적 베스트셀러 작가 오토 샤머가 'U이론'에서 내세우는 구호다.

거대 기업의 경영자들조차 내면의 목소리라는 말을 쉽게 쓴다. 『더 텔레그레프』는 "사업상의 결정 과정을 여전히 내면의 목소리가 지배한다"라고 발표한 적 있다. 객관적인 수치와 내면의 목소리가 충돌할 때, 느낌보다는 데이터를 따른다고 대답한 경영진은 10퍼센트밖에 되지 않았다는 것이다. 무려 90퍼센트가 데이터를 무시하고 내면의 목소리에 따르거나, 거기에 부합하는 더 많은 정보를 수집한다고 대답했다.[1] 이를 위해 잡지나 자기계발서를 들춰 본다고 대답한 경영자도 많았다.[2] 다음은 라이프스타일 매거진이 전형적으로 제시하는 조언들을 재구성한 것이다.

1. 가장 편안한 자세를 찾으세요. 그리고 눈을 감고 내면으로 주의를 돌리세요. 숨을 깊이 들이쉬고 잠시 참았다가

뱉습니다. 세 번을 되풀이하고, 호흡이 몸에 어떤 영향을 미치는지 주목하세요.

2. 이제 몸을 의식하며 조금씩 긴장을 풉니다. 발가락 끝부터 시작하세요. 긴장이 조금씩 풀리면서 당신 자신과, 당신의 욕구와 내면의 목소리를 더 진실하게 만나게 될 것입니다.

3. 당신 내면에서 일어나는 일을 유심히 관찰하세요. 무언가 느껴지기 시작한다면, 그것을 어떤 식으로도 바꾸려 하지 마세요. 불편하게 느껴져도 달아나지 마세요. 바로 그곳에서 당신의 영혼, 곧 진정한 나 자신과 만나게 될 것입니다.

4. 질문하세요. 모든 답은 이미 당신 안에 있습니다. 그러니 제대로 이해하지 못하는 무언가를 느낄 때마다 왜 그렇게 느끼는지, 그 느낌으로 무엇을 알 수 있는지 자신에게 질문하세요. 그리고 응답이 올 것이라 확신하세요. 답은 생각의 형태로 올 때도 있고, 이미지나 신체 감각, 직관적인 깨달음의 형태로 올 때도 있습니다.

5. 그 답을 사용하세요. 당신의 느낌, 내면의 목소리를 토대로 행동하세요. 그것이 이끄는 대로 세상을 향해하세요.

일단 당신이 과감하게 자기 성문을 열고 성벽을 허문다면 성장이 시작될 것입니다. 더 이상 세상에 자신을 맞추지 않아도 됩니다. 새로운 기회가 열리기 시작할 겁니다.

패러디한 것이지만, 분명 어디선가 보고 들었을 법한 조언이다. 마음챙김 명상이나 자기계발 산업의 온갖 강사와 멘토의 조언들도 비슷하다. 우선, 긴장을 풀어야 한단다. 물론 가끔씩 긴장을 푸는 것이 좋다는 데 반대할 사람은 없다. 그다음은 '내면의 소리'에 귀 기울이며 '자신의 필요를 느껴야' 한다는 것인데, 여기서부터는 살짝 뜬구름 잡는 이야기가 시작된다.

나는 오히려 이렇게 조언하고 싶다. 내면의 소리에 귀 기울이라거나 내면의 필요를 느껴보라는 소리를 들을 때마다 경계하라! 우리 내면의 소리는 진짜 귀 기울일 만하지 않기 때문이다. 만약 당신에게 배우자가 있는데도, 내면의 목소리가 잘생기고 예쁜 동료 직원과 불륜을 저지르라고 속삭인다면 어떻게 할 셈인가? 누군가를 해치라고 속삭인다면?

물론, 자기계발 멘토들은 그런 건 진정한 '내면의 목소리'가 아니라고 주장할 것이다. 글쎄, 어쩌면 그럴지도. 하지만 그걸 어떻게 안단 말인가? 내게 사이코패스 범죄자의 본성이 있다면? 우리 내면으로 더 깊이 뛰어들라는 이야기는 결국 우리를 완전히 불안의 늪으로 빠뜨리고 말 것이다. 심리학자 필립 쿠시먼은 오늘날 우울증이 유행하는 이유는 내면의 목소리에 집착하고 진정한 자기를 찾던 사람들이 결국 내면 깊숙한 곳에 아무것도 없음을 깨닫기 때문이라고 설명한다.[3] 삶의 의미를 우리 안에서 찾아야 하는데, 우리 안에 아무것도 없다면 결국 모든 게, 삶도 관계도 나란 존재 자체도 부질없는 게 되고 만다. 터무니없이 오랜 시간 동안 자기를 탐색하다가 내린 결론치고는 너무 위험하다.

자아 찾기를 거부하라

또는 확실히 틀린 답을 찾는 경우도 많다. 모든 답이 이미 내 안에 있다는 말이 사실 얼마나 말이 안 되는 소리인가? 우리는 기후변화에 어떻게 대처해야 할까요? 당신은 스콘을 어떻게 만드나요? 중국어로 '말'을 뭐라고 하죠? 제게 훌륭한 엔지니어가 될 자질이 있나요? 내가 알고 있는 한, 이런 질문에 대한 대답은 내 안에도 당신 안에도 없다. 마지막 질문을 놓고 이야기해 보면, 우리 사회에는 훌륭한 엔지니어가 되는 데 필요한 객관적 기준(공학 기술, 수학적 지식 등)이 이미 정해져 있다. 그리고 그런 기준은 우리 내면의 목소리와는 아무 관계가 없다. 모두 다른 사람의 평가를 통해 인정받는 능력이다.

내면의 목소리가 이끄는 대로 세상을 항해하라고, 세상에 자신을 맞출 필요가 없다고? 잘도 그러겠다! 세상에 자신을 맞출 필요가 없는 '특권'은 독재자나 누리는 것이다. 따지고 보면 그건 특권이라기보다 저주에 가깝다. 철학자 쇠렌 키르케고르의 표현을 빌리면 "온 세상이 복종하고, 무수히 많은 고분고분한 욕망의 전령들에 둘러싸인"[4] 폭군 네로 황제는 결국 어떻게 되었는가? 모든 이가 자기 발아래 머리를 조아리는 것처럼 보이고, 다른 사람에게, 세상에 자신을 맞출 필요를 느끼지 못했지만 결코 행복한 삶을 살지 못했다. 타인과 세상 전체가 관계와 소통의 대상이 아니라 자신의 욕구와 소망의 대상일 뿐이었기 때문이다. 그러나 우리는 신이 아니다. 사람은 주변 사람들과의 교감과 소통을 통해서, 세상에 자신을 맞추는 과정을 통해서 자리를 잡고 제대로 살아갈 수 있다.

앞서 언급했듯 자아 찾기에 지나치게 매달리다 보면, 실제로는 의미가 없지만 탐색 과정에서 '의미 있는 것처럼 보이는' 것을 마주할 위험이 있다. 의사들은 이런 현상을 '건강 역설'이라 불렀다.5 의료 진단법과 치료법이 더 많아지고 좋아질수록, 사람들은 오히려 끊임없는 자기진단의 쳇바퀴에 갇혔고, 그 결과 불안과 건강염려증이 널리 퍼졌다. 간단히 말해, 의학이 발달할수록 사람들은 자신이 더 아프다고 생각하게 되었다. 이것만으로도 모든 자기 탐색을 그만둘 이유가 충분하지 않을까? 느낌은 본래 합리적이지 않다. 당신에게 심한 견과류 알레르기가 있다고 가정해 보자. 갑자기 비스킷이 너무 먹고 싶어서 그 순간의 느낌에 따라 아몬드 비스킷을 먹는다면 어떻게 될까? 결국 당신은 당신의 느낌에 저주를 퍼붓게 될 것이다.

심리학과 오늘날의 주류 문화는 우리 안에 진짜 자아(또는 에고)가 있다는 생각을 퍼트렸다. 또한 사회화 과정과 다른 사람들의 요구로 만들어진 가짜 자아가 있으며 그 자아는 극복해야 할 존재라는 생각도 퍼트렸다. 자아실현이라는 용어는 이런 '가짜' 자아를 벗겨내는 과정을 일컫는다. 내면의 목소리에 귀 기울이고 내면의 느낌을 되돌아보면 진짜 자아를 찾을 수 있다는 것이다.

나는 이미 앞에서 내면의 소리를 찾으라고 말하는 사람을 의심의 눈초리로 볼 필요가 있다고 지적했다. 또한 어떻게 우리가 내면에 '진짜 자아'가 있다고 생각하게 되었는지도 고민할 필요가 있다. 왜 자아는 우리의 행동과 삶, 다른 사람과의 관계에, 다시 말해 우리 바깥에 드러나는 모든 것에 반영되지 않는가? 슬라보예 지젝은 이렇게 말한다.

제가 흥미롭게 여기는 것은 (…) 당신 내면의 진짜 자아보다 당신이 쓰고 있는 가면에 더 많은 진실이 있을 수도 있다는 점입니다. 저는 항상 가면을 믿습니다. '자, 이제 가면을 벗자' 같은 행동에 해방적인 잠재력이 있다고 결코 믿지 않아요. (…) 진짜 가면은 내 진정한 자아, 진짜 자아입니다. 그리고 허구처럼 위장된 것이 바로 진실입니다. (…) 진실은 바로 밖에 있습니다.[6]

내면에서 자아를 찾는 현상을 심리학과 철학으로는 설명할 길이 별로 없지만, 사회학은 약간의 혜안을 줄 수 있을 듯하다. 왜, 언제부터 우리가 이렇게 생각하기 시작했을까? 어쩌다가 '진짜' 내가 우리 안이 아니라 밖에 있다는 사실을 잊어버렸을까?

사회학자이자 철학자 악셀 호네트는 그럴듯한 대답을 제시한다. 그는 '정답은 내 안에 있다'는 생각, 따라서 삶의 목표가 자아실현이라는 생각이 아마 1960년대에는 일종의 해방감을 안겨주었을 거라고 말한다.7 그때는 개개인을 쓸데없이 규제하고 제한하는 엄격한 사회의 족쇄를 벗어던질 만한 필요가 있었다. 그러나 호네트에 따르면, 이런 내면으로의 전환이 한때 가부장제나 자본주의 같은 '제도'에 합리적으로 저항하는 방식이었을지 모르지만, 그 후로는 저항하고자 했던 바로 그 제도를 정당화시키는 토대가 되었다. 호네트는 오늘날의 '탈근대 소비자 사회'가 유연하고 언제든 변할 수 있으며, 개개인을 자기계발과 혁신으로 끝없이 몰아넣는다고 주장한다. 성장과 소비에 기반을 둔 사회에서 같은 자리에 서 있는 것은 반역과 같다. 자아실현 쓰나미는 고분고분하고 유연한 노동력을 원하는 시장의 요구를 지원하고 부추겼다. 결과적으로 개개인은 안정감을 잃고 불안에 시달리게 되었으며, 사회는 지난 50년간 무늬만 진보적인 온갖 경영 이론과 조직 이론으로 '전인적인 인간'과 '인적자원', '일을 통한 자아실현' 같은 말이나 부르짖게 됐다.[8]

자아실현은 더 이상 우리를 자유롭게 하지 않는다. 오히려 직장에 쓸모 있는 '도구'가 되도록 계발하게 만들 뿐이다. 잘못된 제도에 진짜로 저항하고 싶다면 우리 내면을 들여다보는 게 아니라, 오히려 자아를 찾고 계발해야 한다는 생각 자체를 거부하고 떳떳하게 살아야 한다.

정말로 가치 있는 삶을 사는 법

가속화 문화는 모순을 찍어낼 수밖에 없다. 지금껏 살펴본 것처럼, '자아 찾기'가 그렇다. 무언가를 달성하려고 노력하는 일이 그 달성을 방해한다면? 우리는 그것을 모순이라 부른다. 사람을 돕는다면서 계속해서 더 많은 도움이 필요하게 만든다면 그것이 바로 모순이다. 몇몇 정신병리에는 이런 모순이 내재해 있다. 건강한 삶을 살려고 노력하는 것이 건강에 좋지 않은 집착이 될 수 있다. 세상을 합리적 체제로 분류하려는 욕망이 비합리적 집착이 될 수 있다.

사회에서 이런 모순은 다양한 상황에서 더 큰 규모로 작동한다. 팀별 자기 경영과 책임 위임, 일을 통한 자기계발 같은 개념은 사회학자 리처드 세넷이 '인격의 부식'이라 부르는 현상을 낳았다. 스스로 경영하고 책임지고 끊임없이 자기계발을 해야 하니, 개인이 의지하며 딛고 설 만한 단단한 토대가 사라진 것이다. 불안과 스트레스는 전염병처럼 퍼졌고, 사람 사이의 믿음과 연대는 무너졌다.[9] 가속화 문화는 끝없는 혁신과 창조성, 자기계발을 요구하며 기존의 (무)질서를 더 공고하게 만들 뿐이다.

'자기 계발'과 '전인적 인간' 같은 개념을 강조하는 경영 안내서를 읽다 보면, 1970년대의 자본주의 비판서를 읽는 느낌이 든다. 간단히 말해, 우리를 억압하던 전통을 무너뜨리고 우리 자신을 해방시켜 사회를 변혁하자는 발상이지만, 역설적으로 사회의 억압을 재생산하는 일에 기여하고 있는 셈이다. 자기 탐색을 통한 자기계발이나 자아실현은 가속화 문화를 키워 온갖 문제를 만들어내는 근본 원인이다. 그러니 자기계발이니 자아실현이니 하는 허튼소리를 그만두면, 우리 삶뿐 아니라 사회도 더 좋아질 것이다.

이러한 모순을 깨닫고 나면, 처음에는 무력감을 느낄지도 모른다. 하지만 이내 삶의 새로운, 더욱 희망적인 길을 찾게 될 것이다. 그 방향은 역설적일 수밖에 없다. 끊임없는 변화에 저항하는 보수적 태도가 진정한 진보가 될 테니까. 예전에 억압이라 여겼던 것이 어쩌면 실제론 해방이 될 수도 있다. 끝없이 혁신하고 혁신하는 것보다 평범한 일상과 습관을 꾸준히 지켜나가는 게 더 큰 잠재력을 길러줄 수 있다. 몬티 파이선의 영화 「라이프 오브 브라이언」에 등장하는 데니스처럼 말이다.

영화에서 사람들이 메시아로 떠받드는 주인공 브라이언은 추종자들에게 이렇게 말한다. "이봐요. 당신들이 잘못 알고 있어요. 당신들은 나를 따를 필요가 없어요. 아무도 따를 필요가 없어요. 스스로 생각해야 해요. 당신들은 모두 개인이에요!" 브라이언은 사람들에게 자신을 맹목적으로 따르지 말라고, 그들 자신이 되라고, 즉 그들은 '자신들'이 생각하기에 옳은 일을 해야 한다고 가르친다. 그 말에 군중은 한목소리로 대답한다. "맞아요. 우리 모두 개인들이에요." "나는 아닌데"라고 대답한 데니스만 빼고 말이다. 데니스는 자신이 개인임을 거부함으로써 역설적으로 자신이 개인임을 확인한 셈이다.

어쩌면 자기를 찾는 문제도 마찬가지일 것이다. 자기를 찾으려고 노력하지 않는 사람이야말로 바로 진정한 자기 자신으로 살아가는 사람인지 모른다. 적어도 어느 정도 자기를 알고 있다고 말할 수 있다. "진정한 자기를 찾고 계발하라"는 이데올로기를 거부하는 사람은 역설적으로 삶을 더 존엄하게 살 수 있다. 그들은 일관된 정체성으로 타인과 관계를 맺으며, 자기 삶에서 정말 중요한 일에만 매달리는 사람이 될 테니까.

장 자크 루소가 등장한 이후, 우리는 줄곧 우리 자신이 되는 것, '내면의 소리'에 귀 기울이는 것이 중요하다고 믿어왔다. 루소는 내면의 목소리에 대해 처음 글을 쓴 사람 가운데 하나다. 그의 유명한 자서전 『고백록』은 이렇게 시작한다.

나는 전례도 없고, 앞으로 따라 할 사람도 없는 일에 착수했다. 나는 내 동료 인간들에게 한 사람을 온전하게 있는 그대로 보여주려 한다. 그리고 그는 나일 것이다. 나는 내 마음을 이해하고 다른 사람들을 찬찬히 살펴봤다. 나는 내가 아는 어떤 사람과도 같지 않고, 아마 존재하는 그 누구와도 같지 않다. 내가 더 낫지는 않을지라도 내게는 최소한

독창성이 있다.[10]

    루소는 자기 자신이 되는 게 본질적으로 가치 있는 일이라고 말한다. 우리가 어떤 사람이든 우리 자신이 되는 것만으로도 가치 있다고 말한다. 하지만 알다시피 그건 사실이 아니다. 진정한 아네르스 브레이비크(2011년 노르웨이에서 인종주의 연쇄 테러를 일으킨 범죄자-옮긴이)가 되는 것보다는 가짜 마더 테레사가 되는 게 낫다.

    사실 자기 자신이 되는 일은 그 자체로 가치 있는 일은 아니다. 반면에 우리와 서로 연결된 사람들에게 책임과 의무를 다하는 것은 크게 가치 있는 일이다. 그렇게 서로에게 책임을 다하다 보면, 어느새 우리가 '진짜' 우리 자신인지 아닌지 따지는 건 사실 의미가 없다.

    우리는 자아실현에 매달리느라 종종 다른 사람을 희생시키기도 한다. 그 때문에 다른 사람에 대한 의무와 책임을 다하지 못할 때도 있다. 그렇게 내면의 소리를 따라 행동하는 것보다 의심을 품고 사는 편이 더 낫다. 자아는 누구도 정확히 이해하기가 힘들며, 내면의 목소리는 생각보다 믿을 만하지 않다는 사실을 받아들이고 나면, 이런 의심 자체가 미덕이 된다. 이에 대해서는 3장에서 자세히 소개하겠다. 그러니 의심은 잠시 뒤로 미루고, 먼저 내면의 목소리를 무시하는 연습부터 하자.

　로마의 철인 황제 마르쿠스 아우렐리우스는 『명상록』에
서 "'육체의 속삭임'에 귀 기울이지 말라"라고 말한다. 이는
자아를 탐색하거나 내면의 목소리를 따르지 말라는 뜻의 로
마식 표현이다. 아우렐리우스는 그런 속삭임에 굴복하는 사
람은 몸의 욕구에 매인 노예가 된다고 말한다.

　예컨대 디저트가 맛있다고 해서 폭식을 하면, 우리는 건강
을 잃을 것이다. 운동이 좋다고 거기에만 몰두하면, 다른 중
요한 일에 쓸 시간과 에너지가 남아 있지 않을 것이다. 결국
우리에게 정말 중요한 것을 지키고, 해야 할 의무를 다하기
어려워진다. 그러니 내면을 탐색하는 데 너무 많은 시간을
소비하지 말자. 육체의 속삭임이 너무 커서 듣지 않을 수 없
을 때는 강한 의지력을 발휘해 싸울 수도 있어야 한다.

　스토아 철학자들은 의지력이 근력과 같다고 믿었다. 즉,
훈련하면 할수록 더 강해진다고 믿었다. 이렇게 훈련을 통

해 기른 자기통제는 절대적으로 중요한 미덕이었다. 물론 나이키 광고처럼 '그냥 하라(Just do it!)'고 훈계하는 사회에서는 별로 인기가 없는 덕목이지만 말이다. 하지만 분명한 건, 우리가 온갖 자극에 적절히 저항하는 법을 터득한다면 삶에서 정말 중요한 가치를 더 잘 지킬 수 있다는 점이다.

구체적으로 어떤 방법들이 있을까? 아마 스토아 철학자들은 이렇게 조언할 것이다. 당신이 하고 싶은 일이 아니라, 하고 싶지 않은 일을 하라는 것이다. 내면의 목소리는 아니라고 말하지만, 그럼에도 옳은 일들이 있다. 현대의 스토아 철학자 윌리엄 어빈은 이런 일들을 하는 연습을 '자발적 불편 경험하기'라고 표현한다.[11] 대단한 불편을 경험할 필요는 없다. 금욕적 신비주의자들처럼 몇 주씩 굶으란 말이 아니다. 단지 일회용품을 적게 쓰고, 좋아하는 디저트를 참는 정도의 간단한 불편도 괜찮다. 또는 살짝 춥다고 느낄 만큼 보일러 온도를 높이지 않는 불편일 수도 있고, 차를 타는 대신 대중교통을 이용하는 것일 수도 있다.

당연히 "겨우 이런 일들에 어떤 큰 의미가 있는 건가요? 어차피 세상은 크게 안 바뀔 텐데요?"라고 묻고 싶을 것이다. 스토아 철학에 따르면 내키지 않는 일을 하는 연습에는 여러 이점이 있다. 몇 가지를 살펴보자.

첫째, 미래에 어떤 시련이 닥치든 대처할 수 있는 힘을 키워준다. 편안함밖에 모르고 안락함만 느껴온 사람은 누구나 살면서 반드시 마주치게 되는 불편과 시련을 참기가 무척 힘들 것이다. 이를테면 늙고 병들었을 때, 가까운 사람이나 소중한 것을 잃었을 때, 견디기 힘들어진다.

둘째, 작은 불편을 참는 연습을 하다 보면 미래에 닥칠 불운에 대한 두려움이 줄어든다. 어빈에 따르면 작은 불편에 익숙해지다 보면 불쾌한 경험도 그렇게까지 두려워할 만한 게 아니라는 사실을 깨닫게 된다. 우리 삶에 항상 좋은 일만 있는 것은 아니란 걸 받아들이면 미지의 미래에 대한 불안이 줄어든다.

셋째, 우리에게 주어진 작은 것들에 고마움을 느끼게 된다. 비 오는 날 걸어서 출퇴근을 해 보라. 당신의 교통카드가 다시 보이게 될 것이다. 버스를 오랜 시간 타보라. 당신의 차가 무척 고마워질 것이다. 정말 배고플 때 먹는 밥은 배부를 때 먹는 진수성찬보다 맛있는 법이다.

만약 이와 비슷한 연습들을 실천하겠다고 결심했다면, 온갖 엉뚱한 일에 뛰어드는 것보다 좀 더 윤리적으로 가치 있는 일을 해 보면 좋다. 설령 그게 항상 기분 좋은 일은 아니더라도 말이다. 조금 부끄럽고 힘들더라도 사과해야 할 일이 있는 사람에게 사과를 하거나, 또는 연말연시에 친구들과 폭식과 과음을 즐기는 대신 기부를 해 보자. 당장은 좀 불편하겠지만, 아마 나중에는 훨씬 큰 만족을 얻을 수 있을 것이다.

　물론 내면의 목소리에 귀 기울이고 자기 기분에 따르는 일이 항상 나쁜 건 아니다. 스토아 철학자들도 기분이 좋을 때가 있다. 자신들이 한 행동을 두고 뿌듯하게 여길 수도 있다. 그러나 다시 강조하지만, 여기서 중요한 점은 우리가 '내면의 목소리'와 만족감만을 좇기 위해 사는 게 아니란 점이다. 우리는 다른 사람과 공동체를 위해, 그럼으로써 결국 우리에게도 좋은 일들, 다시 말해 윤리적으로 옳은 일들을 해야 한다는 것이다.

　자, 이제 이 문제는 확실히 정리했으니 다음 단계로 넘어가자.

2장

삶은 흠투성이라는 걸 받아들여라
인생의 부정적인 면 인정하기

일단 '진정한 나를 찾으라'는 심리학의 조언을 무시하고 내면의 목소리가 이끄는 대로 결정하는 것도 그만두었다면, 이제 다음 단계를 시작할 수 있다. 자기를 찾는 데 쓰는 시간을 줄인다면, 더 중요한 일에 더 많은 시간과 힘을 쓸 수 있을 것이다. 자, 그럼 이제 무얼 하면 좋을까? '자아 찾기'가 좋은 방법이 아니라는 사실은 이미 알게 됐다. 애써 찾은 자아가 썩 마음에 들지 않을 수도 있고, 아무리 내면을 들여다보아도 결국 아무것도 찾지 못할 수도 있기 때문이다.

　대신에 미래를 구상하는 데 시간을 쓰면 어떨까? 또는 고정관념을 벗어나, 아무런 제약 없이 살고 싶은 삶을 상상할 수도 있지 않을까? 좀 더 '긍정적'인 데 시간과 힘을 쓰는 것이다! 이렇게 우리는 '긍정적 사고'의 미덕에 대해 끊임없이 듣는다. 어떤 심리학자들은 이런 '긍정적 환상'을 높이 평가하면서, 이를 키워야 한다고 말한다. 그러니까 더 성공하려면 자신을 실제보다 더 대단하게 여겨야 한다는 말이다.

그러나 이 책이 제시하는 두 번째 지혜는 당신이 이미 성취했거나 성취하고 싶은 긍정적인 일을 생각하는 대신, 삶의 부정적인 면에 집중하는 법을 배우라는 것이다. 여기에는 여러 이점이 있다. 우선, 부정적인 면을 보는 사람은 자유롭게 생각하고 말할 수 있다. 사실 많은 사람이 투덜거리길 좋아한다. "휘발유가 너무 비싸.""너무 끔찍한 날씨야.""세상에, 이거 흰머리 아냐?" 물론 이런 투덜거림이 삶의 의미를 찾는 데 항상 도움이 되지는 않는다. 하지만 불평을 마음에 담아두기만 한다면 얼마나 답답하겠는가?

둘째, 부정적인 면을 보는 것은 삶의 본질적인 문제를 해결하기 위해 필수로 거쳐야 할 단계다. 토요일 오후 날씨는 우리가 어찌해 볼 수 없지만, 직장의 끔찍한 근로 환경을 지적하는 게 금지된다면 어떨까? 대신 성공에 대해서만 이야기해야 한다면? 분명 답답해서 속이 터지고 말 것이다.

셋째, 당신도 겪을 수 있고 언젠가는 '반드시' 일어날 온갖 부정적인 일들을 생각하다 보면(일단, 그 어떤 긍정적인 사람도 언젠가는 죽는다) 지금의 삶을 더 고맙게 여기게 된다. 이것이 스토아 철학의 주요 골자 가운데 하나이며, 스토아 철학자들이 궁극의 부정인 죽음에 관심을 갖는 이유다. 그렇다고 죽음을 낭만적으로 생각하거나 찬양하라는 말은 아니다. 스토아 철학자들에게 죽음은 반드시 생각해야만 하는 것이지만, 그것은 역설적으로 삶을 더 잘 살아가기 위해서라는 걸 명심해야 한다.

긍정 심리학 vs 투덜거릴 권리

2012년, 미국심리학회의 조지프 B. 기틀러 상을 수상한 심리학 교수 바버라 헬드(Barbara Held)는 '긍정의 독재'를 오랫동안 비판했다.[1] 헬드 교수는 긍정 심리학이 특히 미국에 널리 퍼졌지만, 다른 세계에서도 널리 인정받는 국제적인 실용 심리학의 하나가 됐다고 지적한다. 그 심리학에 따르면, 이제 우리는 매사 긍정적으로 생각해야 하고, 해결책을 찾아내야 하며, 문제를 흥미로운 도전으로 여겨야 한다. 이런 긍정적 사고가 워낙 널리 퍼져서 이제는 중병을 앓는 사람들까지도 '자신의 병으로부터 스스로 깨쳐서' 더 건강한 사람으로 회복될 수 있다는 믿음에까지 이르게 됐다.[2] 수없이 많은 자기계발서를 비롯해 육체적, 심리적 질병을 앓은 사람들이 역경을 이겨내고 쓴 수기들은 위기를 통해 많은 것을 배우게 되어 얼마나 행복한지 묘사한다.

하지만 정말 중병에 걸렸거나 비슷한 심리적 고통을 겪어 본 사람들은 긍정적으로 생각하라는 말에 짜증이 나지 않을까? 정말 많은 걸 배웠다는 사람들 중에서도, 그 고통을 한 번 더 겪어도 좋다고 말하는 사람은 없다. 우리는 흔히 '나는 스트레스를 어떻게 극복했고 무엇을 배웠나'라는 주제의 책들을 많이 본다. 그러니까 우리가 스트레스나 질병을 경험하고 결국 죽게 된 상황에서도, 이 모든 과정을 교훈적이고 가치 있는 일로 여겨야만 한다는 것이다. 서점에서 '스트레스는 여전히 끝나지 않는 악몽이다' 같은 제목을 볼 일은 거의 없다.

다행히 심리학자들도 이 점을 깨닫기 시작했다. 비판적 심리학자 브루스 레빈(Bruce Levine)도 그런 사람이다. 그는 의료계 종사자들이 인간의 불행을 어떻게 키워왔는지 그 방법들을 소개했는데 그중 첫 번째가 환자에게 태도를 바꾸라고 가르치는 긍정 심리학의 사고방식이다.[3] "긍정적으로 생각해!"는 곤경에 처한 사람에게 할 수 있는 말 가운데 가장 모욕적인 말이다. 우연히도 레빈이 제시한 인간의 불행을 키우는 여러 방법 중 열 번째는 '고통의 비정치화'다. 그러니까 사람들에게 닥치는 온갖 문제의 원인을 외부 환경보다는, 동기 부족이나 비관주의적 관점 등 개인의 부족함으로 돌리는 것이다.

나처럼 이런 상황이 너무 심하다고 생각하는 사람들은 이 책을 읽는 동안 삶의 부정적인 면에 주목해서 긍정의 독재를 끝내는 법을 배우게 될 것이다. 그러면 우리가 지금 서 있는 바로 그 자리에, 더욱 굳건히 서 있을 준비를 할 수 있다. 우리는 삶에 대해 '아니요'라고 말할 권리, 투덜거리면서 일이 뜻대로 되지 않는다고 생각할 권리를 되찾아야 한다.

강요된 긍정

1990년대 후반부터 폭발적으로 성장한 긍정 심리학은 '긍정성'에 매혹된 가속화 문화가 학문에 반영된 것이라 볼 수 있다. 긍정 심리학이 성장하기 시작한 것은 1988년 마틴 셀리그먼이 미국심리학회 회장이 되었을 때부터다. 그는 우울증의 요인인 학습된 무력감을 연구한 이론으로 명성을 쌓았다. 학습된 무력감은 냉담한 상태, 즉 실제로 고통을 피할 방법을 선택할 수 있는데도 고통스러운 상황을 바꾸려는 의지가 없는 상태를 말한다. 셀리그먼은 개들에게 전기충격을 가하는 실험 등으로 학습된 무력감 이론을 발전시켰다. 그러다 사람의 가장 좋은 친구인 개들을 괴롭히는 일에 싫증이 났는지, 연구 주제를 바꿔 긍정 심리학에 몰두하기 시작했다.

긍정 심리학은 이전까지 심리학이 주목했던 인간의 문제와 고통에 몰두하기를 거부한다. 셀리그먼은 일반적인 심리학을 '부정의 심리학'이라 부르면서, 긍정 심리학은 이와 반대로 삶과 인간 본성의 좋은 점을 연구한다고 말한다. 특히 행복이 무엇인지, 행복을 어떻게 성취하는지를 묻고 인간의 긍정적인 인성 특징을 설명하려 애쓴다.[4] 그는 미국심리학회 회장이라는 지위를 이용해 긍정 심리학을 장려했다. 그의 노력은 크게 성공해서, 미국에는 긍정 심리학만 다루는 교육과정과 연구소, 학술지도 있다. 심리학 개념 중에서 대중을 그토록 빨리 사로잡은 것은 거의 없다. 긍정 심리학이 우리의 일상을 비롯해, 사회제도와 산업기술 등 온갖 종류의 개발을 최적화하는 도구가 되는 과정은 무척 흥미롭다.

물론 웰빙을 이루게 하고, 개개인에게 '최적의 경험'을 제공하고, 성과 수준을 높이는 방법을 연구하는 것 자체는 아무 문제가 없다. 그러나 컨설턴트와 코치, 또는 열정적인 관리자의 손을 거치면서, 이제 긍정 심리학은 사람들의 비판을 틀어막기 위한 투박한 도구로 급속히 전락했다. 몇몇 사회학자에게서 '긍정 파시즘'이라는 이야기가 나올 정도다.

사회학자들은 '긍정적 사고'에서도, '강점탐구'(조직이나 구성원이 문제를 분석하는 게 아니라, 강점을 탐구하고 활용해 조직의 수행 능력을 개선할 수 있다는 생각-옮긴이)에서도 긍정 파시즘을 본다.[5] 긍정 파시즘이라는 개념은 우리가 삶을 늘 긍정적으로만 보게 될 때, 어떤 식으로 세뇌가 되는지 묘사한다.

일화를 하나 덧붙이면, 내가 학계에서 경험한 가장 부정적인 경험들은 긍정 심리학자들과 관련이 있다. 몇 해 전, 나는 한 신문과 여성잡지에 긍정 심리학을 비판하는 글을 실었다. 그 반응은 대단했다.[6] 긍정 심리학자 세 사람이 '학문적 부정행위'로 나를 고발하는 글을 내가 근무하는 대학의 고위 관리에게 보냈다. 그 학자들의 이름은 이 자리에서 밝히지 않겠다.

학계에서 '학문적 부정행위'를 저질렀다는 것보다 더한 비판은 있을 수 없다. 그들 주장의 요지는 내가 긍정 심리학을 부정적으로 소개했으며, 이를 위해 긍정 심리학 연구와 실제 적용의 차이를 일부러 무시했다는 것이다. 다행히 대학 측은 그 비판을 단호하게 무시했지만, 나는 그들이 보인 반응이 무척 걱정스러웠다. 그들은 잡지 편집자에게 편지를 보내 공개토론을 요청하는 방식보다는 내가 근무하는 대학 관리자들에게 나를 학문적 부정행위자로 비방하는 쪽을 선택했다.

이 이야기를 밝히는 이유는 나를 비방한 긍정 심리학자들이 공개적인 학술 토론을 무척 꺼리는 점이 아이러니하기 때문이다. 그들이 주장하는 '개방성'과 '강점탐구'에도 분명 한계가 있는 모양이다(물론, 여기서 다행스럽게도 긍정 심리학의 대표 주자들이 모두 그렇지는 않다는 말을 덧붙여야겠다). 역설적으로 이 사건은 긍정의 독재에 대한 내 비판이 옳음을 확인해 주었다. 그들에게 부정성과 비판, 특히 자신들에 대한 비판은 분명 어떤 수단을 써서라도 제거해야만 할 요소라는 사실을 보여준다. 긍정 심리학이 긍정을 강요하는 것이다!

긍정 심리학의 이러한 파시즘적 면모는 회사에서도 드러

난다. 직장인이라면 당신의 짜증을 유발하는 문제에 대해 회사와 토론하고 싶은데, 자꾸 '성공'과 '긍정적인 면'에 대해 말하라는 요구를 받은 적이 있을 것이다. 물론 능력 있는 사람으로 평가받고 계속 발전하고 싶지 않은 사람이 누가 있겠는가? 요즘 경영자들은 직원의 능력을 인정하고 높이 평가하길 좋아한다. 다음 예문은 경영자들이 업무능력개발평가에 직원들을 초대하면서 어떤 표현을 쓰는지 보여준다. 예문의 요지는 직원들에게 업무능력개발평가에 깔린 원칙을 이해시키는 것이다.

업무능력개발평가는 기회를 이야기하는 공간입니다. 우리가 무엇을 언제 이루었는지, 어떻게 직원들이 최대한 순조롭게 협력했는지, 무엇이 업무 만족도를 극대화했는지 이야기를 나누면서 우리의 개발을 추동하는 요인이 무엇인지, 우리의 목표를 성취하기 위해 무엇이 필요한지 깨달을 수 있습니다.

저는 이 평가를 통해 우리가 어떻게 할 때 일을 가장 성공적으로 해낼 수 있는지를 여러분이 이해하길 바랍니다. 여러분이 일에서 성공을 토대로 성장할 수 있도록 초대합니다.[7]

요즘 경영자들은 지시를 내리고 모든 것을 결정하는 딱딱한 권위주의자가 아니라, 완전히 다른 형태의 부드러운 권력을 행사하는 사람으로 보이길 원한다. '업무 만족 극대화'를 위해 '성공'에 대한 대화를 나누자고 직원들을 '초대'하는 사람으로 보이길 원한다. 이들이 기대하는 희망사항들을 보면, 경영자들은 경영진과 직원 사이의 권력 불균형이 여전히 뚜렷하고, 그들이 추구하는 목표를 이루는 일이 모든 직원에게 똑같이 합리적으로 보이지는 않는단 사실을 잊고 있는 듯하다.

내가 일하는 대학에서도 요즘 직원들에게 대학을 발전시킬 '비전'을 만들어내라고 한다(물론 이런 요구를 하는 것만 빼면 훌륭한 대학이다). '최고의 대학'이 아니라 '평균 수준의 대학'이 되려고 노력해야 한다는 내 제안에 학교 당국은 시큰둥한 반응을 보였다. 나는 우리같이 작은 대학의 입장에선 평균 수준의 대학이 되는 게 현실적인 목표라 생각한다. 하지만 요즘은 모두 '세계적'이어야 하거나 '상위 5위권'에 들어야 한다. 그리고 이런 어마어마한 성공은 언제나 여러 기회와 성공의 순간들로 포장된 길 끝에서 우리에게 손짓한다. 나는 이런 현상을 '강요된 긍정'이라 부른다. 오직 최고

만을 좇고, 큰 꿈을 꾸며 긍정적으로 사고하기만 하면 최고
가 될 수 있다는 생각 말이다.

실패는 당신 탓이 아니다

앞서 언급한 바버라 헬드를 비롯해 이러한 '강요된 긍정'
을 비판하는 사람들에 따르면, 긍정적 사고를 의심 없이 좇
다 보면 결국 희생자에게 책임을 전가하는 결과가 나온다.
우리가 겪는 고통이나 부정적 결과가 이른바 긍정적 인생관
이나, '긍정적 환상'이 부족해서 생기는 것이라고 여기게 된
다. 긍정적 환상은 앞에서 언급했듯이 실제보다 더 나은 자
신을 상상하는 것이다. 그러니까 우리가 실제보다 조금 더
똑똑하고, 능력 있고, 영향력 있다고 생각하는 것이다. 연구
결과에 따르면, 우울증을 앓는 사람은 그렇지 않은 사람보
다 자신을 더 현실적으로 바라본다고 한다.

그러나 한 가지 두려운 점은 이런 긍정적 사고방식이 개
인에게 긍정적 태도와 행복을 강요하는 문화를 만들 수 있
다는 것이다. 이런 문화에서는 역설적으로 긍정성과 행복의

강요가 개인의 고통을 불러온다. 사람들은 자신이 늘 행복하지 못한 것에, 그리고 성공하지 못한 것에 자책하고 우울해한다.

강요된 긍정에 대한 또 다른 비판은 긍정적 사고가 상황과 환경의 중요성을 외면케 한다는 것이다. 개인의 행복이 '외적' 요인이 아니라 '내적' 요인에 달려 있다고 하면, 지금 당신이 행복하지 않은 것은 온전히 당신 책임이 된다. 거기에 사회경제적 지위나 환경 같은 요인은 제거된다.

『마틴 셀리그먼의 긍정심리학』에서 셀리그먼은 행복 변수의 오직 8~15퍼센트만 외적 요인의 영향을 받는다고 말한다. 이때 외적 요인이란 당신이 민주주의 체제에 사는지 독재 체제에 사는지, 부유한지 가난한지, 건강한지 건강하지 않은지, 숙련된 기술이 있는지 없는지 등을 말한다.

그는 행복의 원천이 '내적 환경'에 있으며, 내적 환경은 '자기통제'에 따라 달라진다고 한다. 이를테면 매사 긍정적으로 사고하고, 고마워하며, 타인의 잘못을 용서하고, 낙관적으로 세상을 바라보며, 자신의 강점을 활용하는 일들이 중요하다. 즉, 행복은 우리 내면의 힘을 실현하고 긍정적 감정을 키우는 일에 달려 있다. 이처럼 '내면'을 강조하고, 행복은 우리의 의지력에 달렸다고 강조하는 생각은 개인에게 뒤처지지 않도록 끝없이 발전하라고 요구하는 문제적 이데 올로기를 강화한다. 이때 가속화 문화에서 살아남기 위해 개인이 계발해야 할 능력에는 긍정적으로 사고하는 능력도 포함된다. 그런데 정말 그런가? 만약 그렇다면, 어려운 처지에 놓인 사람들에게 필요한 건 사회경제적 지원이 아니라, 긍정 심리학 교육과 자기계발서란 말인가?

더욱 적극적으로 투덜댈 자유

군이 자세히 근거를 대지 않아도, 우리는 셀리그먼의 설명에 어딘가 문제가 있다는 걸 직관적으로 안다. 바버라 헬드는 이러한 '강요된 긍정'의 대안으로 굉장히 간단한 걸 제시한 적 있다. 바로 투덜거리기다. 그는 푸념하고 투덜대는 법에 대한 베스트셀러까지 썼다. 그녀가 쓴 『미소 끝, 불평 시작(Stop Smiling, Start Kvetching)』은 적극적인 투덜이가 되기 위한 일종의 자기계발서다.[8] 그가 사용한 '투덜대기(Kvetching)'라는 단어는 중부 및 동부 유럽 출신 유대인이

쓰던 이디시어 단어에서 유래했다. 나는 유대 문화 전문가
는 아니지만, 그들이 크고 작은 일에 대한 불평불만을 사회
적으로 인정하여 집단의 행복과 만족을 키운다는 인상을 받
았다. 모여 앉아서 한바탕 푸념을 주고받는 것은 썩 괜찮은
일이다. 사람들에게 뭔가 이야깃거리를 주고 일종의 공동체
의식을 키워준다.

헬드의 투덜이 강령 밑바닥에는 삶은 결코 완벽히 만족스
럽지 않다는 생각이 깔려 있다. 아니, 사실 대부분 만족과 거
리가 멀다! 투덜댈 만한 것이 항상 있기 때문이다. 집값이 떨
어지면 우리는 담보 대출금이 집값보다 더 높은 깡통주택이
양산된다고 불평한다. 하지만 반대로 집값이 오르면 정부의
잘못된 정책과 부동산 투기를 조장하는 이들에 대해 불평한
다. 이렇게 인생은 늘 힘들다.

그러나 헬드에 따르면 인생이 힘든 건 사실 별로 문제가
되지 않는다. 힘들지 않은 척 살아야 하는 게 문제다. 우리는
어떻게 지내냐는 질문에 "잘 지내지!"라고 대답해야 한다.
하지만 삶에 문제가 있어도, 배우자가 바람을 피워도 잘 지
내는 척해야 할까? 부정적인 면을 보고 불평하는 능력은 누
구나 힘들 수밖에 없는 인생을 조금 더 잘 견디는 대응기제

가 될 수 있다. 그러나 불평과 비판은 단지 상황을 견디는 방법만은 아니다. 투덜댈 자유는 현실을 마주하고, 그걸 있는 그대로 인정하는 능력에서 나온다. 그렇게 할 수 있을 때, 우리는 일종의 인간적 존엄을 갖출 수 있다. 나쁜 날씨 같은 것은 없다고 침 튀기며 떠들어대는 긍정병 말기 환자들과는 극명히 대조되는 존엄한 삶을 살 수 있다. "이보세요. 해피양반! 날씨가 진짜로 나쁠 때도 있거든요? 그리고 그럴 때 따뜻한 술집에 앉아 투덜대는 것도 좋다고요."

우리는 투덜댈 권리를 더욱 적극적으로 지켜야 한다. 투덜댄다고 긍정적 변화가 생기지는 않을지라도 투덜댈 수 있어야 한다. 물론 불평이 긍정적 변화로 이어질 수 있다면 좋다. 보통 투덜거림은 밖을 향한다. 우리는 날씨에 대해 투덜대고 정치인이나 축구팀에 대해 투덜댄다. 우리가 아니라 뭔가 다른 일에 대해 투덜댄다! 반면에 긍정적 태도는 안을 향한다. 뭔가 일이 틀어지면 우리는 우리 자신을 뜯어보고, 우리의 동기를 탐색해야 한다. 모든 것이 우리 잘못이다. 실업자들은 실업수당제도에 대해 불평할 권리가 없다. 그냥 정신을 차리고 긍정적으로 생각하며 일자리를 찾아야 할 뿐이다. 모든 일이 '자신을 믿는 것'에 달려 있다. 하지만 무조건 자신을 긍정하고 믿어야 한다는 것은 철저히 편협한 생각일 뿐이다. 이런 생각은 중요한 사회, 정치, 경제 문제를 개인의 동기와 긍정성의 문제로 일축해 버리고 만다.

가끔 투덜거리면서, 그냥 하루하루를 살아내라

우리 할머니는 "그냥 살아내라"는 말씀을 하시길 좋아했다. 뭔가 어려운 일이 있을 때마다 할머니는 그 문제를 무조건 해결해야 한다고 생각하지 않으셨다. 할머니가 보시기에 그건 너무 어려운 일이었다. 해결한다는 것은 문제를 통제하거나 제거하거나 완전히 없애는 것을 뜻한다. 하지만 인생에는 그렇게 할 수 없는 일도 많다. 사람들은 약하고 상처받기 쉽고 아프기도 하고 결국에는 다 죽는다.

할머니의 말씀처럼, 우리는 죽음과 같은 문제들을 결코 완벽하게 '해결'할 수 없다. 하지만 그냥 삶을 살아갈 수는 있다. 달리 말해 문제를 인정하고 그 문제와 함께 살아가는 법을 배우는 것이다. 그렇게 하다 보면, 굳이 '긍정심리학'으로 현실을 외면할 환상을 세우지 않아도 굳건히 서 있을 수 있다. 무언가를 변화시킬 수 없다면 그것과 함께 사는 법을 배우는 게 낫다. 우리 할머니 표현을 빌리면, 바보들의 천국에 사느니 현실을 직면하는 게 낫다. 또는, 영국의 공리주의자 존 스튜어트 밀의 말처럼 "만족스러운 바보로 살기보다 불만족스러운 소크라테스가 되는 게 낫다."

우리는 모든 일을 다 잘 해낼 수 없다. 아무리 긍정적으로 생각하고, 아무리 열심히 노력해도, 그것이 모두 긍정적이고 행복한 결과를 낳지도 않는다. 물론 삶에는 이루기 위해 애쓸 만한 것들이 분명히 있다. 이를테면 존엄성과 현실 인식 같은 것들이다. 그걸 다 부정하고, 매사에 투덜거리기만 하라는 말은 아니다. 단지, 삶의 부정적인 면을 외면하지 말아야 한다는 것이다. 우리가 긍정적으로 변화시킬 수 있는 것도 있지만, 삶의 대개 흠투성이다. 부정적 면은 언제나 있는 법이다. 그걸 그냥 인정하라. 종종 불평하고 비판하라. 항상 긍정적이고 낙관적으로만 세상을 본다면 상황이 정말로 안 좋아졌을 때는 한층 더 큰 타격을 받을 것이다. 오히려 평소에 부정적인 면을 인정하면 미래에 닥칠 시련에 대비하게 된다. 또한 투덜대다 보면, 의외로 인생의 좋은 면도 깨닫게 된다. 친구들과 함께 한창 투덜대고, 집으로 돌아가는 길에 기분이 상쾌해진 경험이 누구나 있지 않은가? "나는 무릎이 좀 시리지만, 그래도 멀쩡히 걸어다닐 순 있잖아?"

삶의 부정적 측면을 직시하는 일은 스토아 철학의 중요한 주장과 직결되어 있다. 바로 '부정적 시각화'라 불리는 스토아 철학의 기법이다. 앞에서 살펴본 것처럼, 긍정 심리학을 옹호하는 사람들은 항상 긍정적 시각화를 추천한다. 좋은 일이 일어나게 하려면 좋은 일을 상상하라고 말한다. 운동선수들은 훈련을 할 때 긍정적 시각화를 사용한다. 코치들은 선수들이 자신의 목표에 도달할 수 있게 목표 달성을 시각화하도록 돕는다. 자존감을 높이는 법을 알려주는 책들은 으레 독자에게 긍정적인 일을 상상하라고 부추긴다. 예를 들어 "당신이 훌륭하게, 무척 만족스럽게 대처하는 모습을 상상함으로써 당신의 자존감을 키우라"고 말한다.[9]

이러한 긍정 심리학의 문제점에 대해서는 충분히 설명했다. 나는 도처에 넘쳐나는 긍정적 환상의 반대편에서, 균형을 잡기 위한 방법으로 끊임없이 투덜대기 전략을 내세우고 있지만, 이것도 요령껏 하지 못하면 주변 사람들이 곧 넌더리를 낼지 모른다. 밉지 않을 정도의 장난기 가득한 눈빛으로 투덜대는 기술이 필요한 시점이다. 만약 사랑스러운 투덜이 연기가 어려운 사람이라면 스토아 철학의 부정적 시각화를 사용하는 것도 좋다. 여러 스토아 철학자들이 실제로 이것을 활용했다.

세네카는 아들이 죽은 지 3년이 흐른 뒤에도 여전히 슬픔에 빠져 기운이 없는 마르키아에게 편지를 보냈다. 그 내용은 뻔한 위로가 아니라, 오히려 너무 슬퍼하지 말라는 충고였다. 편지에서 세네카는 인생의 모든 것은 그저 '빌려온' 것이며, 인간은 누구나 죽고, 죽음 그 자체는 좋은 것도 나쁜 것도 아니기에 지나치게 슬픔에 매몰되어 있지 말라고 말한다. 다소 정 없이 느껴질 수도 있지만, 굉장히 정중하면서도 적절한 편지였다. 실제로 마르키아는 그 어떤 위로보다 세네카의 편지에서 큰 위안을 얻었다고 한다.

사실 우리가 어떤 것을 가지고 있든 운명은 경고 없이 그 모든 것을 앗아갈 수 있다. 이런 사실을 깨닫고 나면 우리가 가진 것들을 우리에게 허락된 짧은 시간 동안 사랑해야 할 이유가 더 커진다.[10] 또 다른 편지에서 세네카는 죽음을 먼 미래의 일로 생각해서는 안 된다고 경고한다. 원칙적으로 죽음은 언제든 우리에게 닥칠 수 있기 때문이다.

그러므로 우리와 우리가 사랑하는 사람 모두 필멸의 존재라는 걸 항상 기억합시다. … 제가 그런 생각을 하지 않았기에, 잔혹한 운명이 저를 급습했을 때 미처 준비가 돼 있지 않았습니다. 저는 이제 모든 것이 유한하며, 유한한 삶이 어떤 특별하고 이해 가능한 법칙을 따르는 게 아니라고 생각합니다. 언젠가 일어날 수 있는 일이라면 오늘 일어날 수도 있습니다.[11]

노예 출신으로 훗날 철인 황제가 존경하는 위대한 철학자가 된 에픽테토스 역시 매우 구체적인 조언을 남겼다. 매일 밤, 잠자리 키스를 할 때마다 사랑하는 아이의 죽음을 생각하라고 말한 것이다. 다소 지나친 말인지는 모르겠지만, 당장 내일 아침 우리 아이가 깨어나지 못할지도 모른다고 생각해 보라.[12] 인간의 유한한 운명을 생각한다면, 가족의 유대는 더욱 깊어지고 아이들의 실수도 더 잘 용서할 수 있을 것이다. 아이에게 뭔가를 강요하는 대신, 그 존재만으로 감사해야 한다는 사실을 깨달을 것이다.

잠들지 않고 칭얼대는 아기를 돌보는 일이 얼마나 고된지는 부모라면 누구나 알 것이다. 그러나 아이의 유한한 운명을 떠올린다면 그 고됨도 아이가 지금 내 곁에 있다는 사실에 대한 기쁨으로 변할지 모른다. 에픽테토스라면 아마 생명을 잃은 아기보다는 매일 자지러지게 우는 아기를 안고 있는 게 낫다고 표현할 것이다. 부정적 시각화를 잘 사용하면 고통을 외면하지 않고도, 그것을 행복으로 전환할 수 있다.

우리는 죽을 수밖에 없는 우리 자신의 운명을 생각해야 한다. 메멘토 모리. 네가 죽으리라는 걸 기억하라. 당신의 죽음을 매일 생각하라. 그렇다고 무기력해지거나 절망에 빠져서는 안 된다. 우리도 언젠가 죽는다는 생각에 차츰 익숙해지고 삶을 더 감사히 여길 수 있도록 죽음을 생각하라. 그래서 위대한 철학자 소크라테스는 철학을 "잘 죽는 법을 배우는 학문"이라고 정의했다.

그런데 요즘 우리 사회는 지나치게 긍정적인 면에만 집중하라고 부추긴다. 모두들 '좋은 삶'에 대해서는 쉽게 말하면서도, 잘 죽는 법을 배우는 것에 대해서는 말하지 않는다. 우리는 잘 죽는 법을 배워야 할 것이다. 16세기 프랑스 철학자 몽테뉴가 쓴 것처럼 "죽는 법을 배운 사람은 노예가 되는 법을 잊는다."[13] 죽음을 생각하는 목적은 그 자체에 매혹되기 위해서가 아니다. 오히려 우리 모두 언젠가는 죽는다는 생각에 익숙해짐으로써 죽음에 대한 두려움으로 삶을 소진하는 것을 막고, 더 좋은 삶을 살기 위해서다. 부정적 시각화에는 두 가지 유형이 있다. 다음 두 가지 연습을 실천해 보라.

첫째, 당신이 소중히 여기는 것을 잃는다고 생각해 보라. 그렇게 생각했을 때 그것이 주는 즐거움과 행복이 어떻게 커지는지에 주목하라. 심리학에는 '쾌락 적응'이라는 개념이 있다. 곧, 우리는 행복한 삶에 금방 익숙해지고 무뎌진다. 부정적 시각화는 그런 쾌락 적응을 방해해 우리가 매사 더 고마움을 느끼도록 만들어준다. 덧붙여 말하면 쾌락 적응은 긍정 심리학자들도 연구하는 개념이다.

둘째, 어느 날 당신이 유한한 인생의 허물을 벗고 떠난다는 사실을 생각해 보라. 인간이라면 모두 나이가 들고 병에 걸리고 결국 죽는다. 이를 매일 생각한다면 삶을 더 즐기게 될 것이다. 고난과 위기의 순간에도 삶이 즐거울 것이다. 죽음은 우리가 '해결'할 수 있는 것이 아니다. 약간의 연습과 더불어 '그냥 살아내야' 하는 것이다.

이제 삶의 부정적인 면을 바라보는 법을 배웠으니 다음 단계로 넘어갈 차례다. 다음 단계에서는 '아니요'라고 말하는 법을 배울 것이다. 자, 이제 먼지 앉은 '아니요'라는 대답을 되찾아 사용해 보자.

투덜댈 자유는 현실을 마주하고,

그걸 있는 그대로 인정하는 능력에서 나온다.

그렇게 할 수 있을 때,

우리는 일종의 인간적 존엄을 갖출 수 있다.

3장

때로는 과감히 '아니요'라고 말하라
세상으로부터 나를 지키는 기술

앞에서 살펴본 두 개의 지혜를 얻었다면, 당신은 지금쯤 내면을 탐색하는 일에 쓰는 시간을 아끼게 됐을 테고, 인생의 부정적 면에 주목하는 것의 가치도 발견했을 것이다. 그렇다고 긍정적인 면을 절대 보지 말라거나 자신을 성찰하지 말라는 말이 아니다. '모든 답은 내 안에 있다'는 식의 잘못된 인식을 거부하라는 말이다. 우리 사회에는 긍정이 지나치게 강요되고 있다. 강요된 긍정은 '아니요'라고 말하는 것은 바람직하지 않다고 우리에게 충고한다. 우리는 이런 흐름에 맞서야 한다.

　세 번째 단계에서는 '아니요'라는 대답을 더 잘하는 법을 익힐 것이다. 그동안 우리는 매 순간 '예'라는 대답을 강요당하면서, 모든 것을 감사해하고 소중히 여기고 긍정하라는 이야기를 들어왔다. 하지만 나는 이렇게 말하고 싶다. 자, 이제 '아니요'를 끄집어내 먼지를 툭툭 털어낸 다음 사용할 시간이 왔다고.

모두가 '예'라고 답할 때 '아니요'라고 할 수 있는 사람은 어느 정도 존엄하고 성숙한 사람이다. '아니요'라고 말하는 법을 배우는 것은 아이의 성장 과정에서도 매우 중요하다. 나를 비롯한 대부분의 부모는 아이들이 순종적이기를 바라겠지만, 아이의 입에서 처음 나온 '아니요'는 한 사람의 인간으로서 성숙과 독립을 향해 내딛는 중요한 첫걸음을 의미한다. 어느 아동심리학자가 말한 대로 "아이는 이제 한 개인으로서 인격적 존재의 길로 들어섰으며 언어를 이용하여 부모와 거리를 둘 수 있다. 이런 저항은 자율성을 향한 첫걸음이다."[1]

'인격적 존재의 길로 들어선다'는 생각은 중요하다. '개성'이나 '역량' 같은 통속 심리학 개념과는 달리, '인격'이라는 개념은 우리가 사회적으로 공유하고 있는 도덕적 가치와 연결된다. 제자리에 굳건하게 서서 본질적으로 소중한 가치를 추구하며, 그 가치가 위협받을 때는 '아니요'라고 말할 수 있는 사람에게는 인격이 있다. 나는 '존엄'이라는 단어를 '인격'과 거의 같은 뜻으로 사용한다. 존엄함이란 최신 유행을 좇는 대신 자신에게 가장 중요한 신념에 따라 살아가는 것을 뜻한다. 존엄함은 시간과 상황을 초월하는 일관된 정체성을 구축하고 지키려는 노력이다.

존엄함의 반대는 언제나 '예'라고 말하는 태도다. 의심 없이 매사를 긍정적으로 바라보려는 사람들은 경솔하고 독립적이지 못한 사람이다. 독립적인 사람이 되려면 '아니요'라고 대답할 줄 알아야 한다. 늘 '예'라는 대답만 한다면 온갖 변화에 휩쓸리고 일시적 변덕에 희생될 위험이 있다. 무슨 제안에든 '예'라고 답하는 게 좋다는 원칙에 따라 사는 이를 사회심리학적으로 말하면 타율적으로 통제되는 사람이라 할 수 있다.

이런 습관을 고치려면 더 많은 자율적 통제가 필요하다. 내면의 목소리가 이끄는 대로 맘대로 살라는 말이 아니다. 사실 내면의 목소리야말로 타율적으로 통제되기 쉽다. 커뮤니케이션 중심의 네트워크 사회에서는 내면의 목소리마저 광고나 매스컴 등 다양한 곳에 영향을 받는다. 이 책에서 '존엄함'이라 부르는 진짜 '자율적 통제'는 우리의 도덕적 가치를 충실히 지키고, 의무와 책임의 중요성을 이해하고, 이성적으로 옳고 그름을 판단하는 것이다. 이런 존엄함을 갖춘 사람이라면 '아니요'라고 말할 일이 자주 있을 것이다.

요즘 사회를 살다 보면 거절해야 할 만한 일이 너무 많기 때문이다.

매사에 '예'라고 대답하는 건 노예뿐이다

직장에서는 충분히 긍정적이지 않거나, 능력 개발에 매진하지 않는 듯한 사람들이 회사와 주변 사람들의 충고를 듣는다. 긍정적인 사고를 할수록 좋고, 부정적으로 생각하거나 매사에 '아니요'라고 말하면 나쁘다는 것이다. 물론 터무니없는 생각이다. 우리는 '아니요'라고 대답해야 할 온갖 유혹과 권유에 매일 부딪힌다. 다행히 제대로 대답할 때도 있다. 그런데 우리보고 왜 '예'라고 말하라고 하는가? 왜 그런 충고가 정당화되는가? 긍정의 '예스 문화'를 더 깊게 파헤쳐 보면 그 답을 찾을 수 있다.

요즘에는 '동기부여 강사'라 불리는 사람들이 개인과 회사가 '예'라고 대답하고 발전하도록 돕겠다고 떠들어댄다. 토드 헨리가 바로 그런 사람 가운데 하나다. 그는 자신의 웹사이트에 「'예'라고 말하는 법」이라는 글을 올렸다.

안타깝게도 '아니요'는 그냥 한 단어로 그치지 않는다. 그것은 삶의 방식이기도 하다. 미지의 것을 대하는 기본적인 태도가 뒤로 물러서거나 머뭇거리거나 그냥 안 하는 것이라면 우리는 삶이 제공하는 가장 좋은 것들을 거절하는 셈이다. … 창조성은 항상 '예'라는 대답과 함께 시작한다. 창조하는 것은 먼저 위험에 '예'라고 말하는 것, 그다음은 그 위험을 받아들이고 극복하는 것이다. 모든 창조가 성공적이지는 않지만 모든 창조 행위는 용기 있는 행동과 함께 시작한다. 나는 '예'라고 말하는 행동은 그것만으로 이미 성공적인 결과를 이루었다고 평가한다. '예'라고 계속해서 말한다면 결국 가치 있는 무언가를 이루게 될 것이다. 당신은 '예'라고 대답하는 자세로 살고 있는가?[2]

토드 헨리는 '창조성'과 '용기' 같은 긍정적 단어들을 쓰면서 그것을 '예'라는 대답과 연결한다. '창조성'이나 '용기' 같은 단어를 언급하는 글은 대개 우리가 내면에 집중하고 용기 있게 내면을 계발하며 살아야 한다는 생각을 담고 있다. 우리는 목표를 세우고 창조적이면서 용감한 사람이 되어 그런 삶을 살되, 다른 사람이 아닌 자신이 원하는 것을 해야 한다. 물론 모순적인 이야기다.

우리는 스스로 목표를 세우고 성공을 위해 분투하며 '우리가 원하는 대로' 살아야 하지만, 동시에 온갖 사회적 요구에 '예'라고 대답해야 한다. 이처럼 서로 연결된 요구들에 '예'라고 대답하지 않으면, 부정적이고 삐딱한 사람으로 여겨지는 세상이다. 뭔가 대단한 잘못을 저질렀거나 사회에 적응하지 못하는 사람으로도 여겨진다. 분명히 당신이 '원해서' "아니요"라고 대답했는데도 말이다.

토드 헨리를 비롯한 '예스' 전도사들이 무조건 틀렸다는 말은 아니다. 사실 어떤 면에서는 맞는 부분도 있다. 문제는 언제나 '예'라는 답변만 옳다고 여기는 태도다. 요지는 '예'라는 대답을 모두 갖다버리라는 게 아니라, 다양한 대답을 할 줄 알아야 한다는 말이다. "아니요", "글쎄요", "잘 모르겠네요", "조금 더 생각해 보겠습니다" 같은 대답도 나올 수 있어야 한다.

앞에서 배웠듯이 부정과 비판을 금지하는 일은 무엇보다 인간 본성에 어긋난다. 아무도 그렇게 살 수 없고, 그렇게 살아서도 안 된다. 그렇게 살다가는 스트레스와 우울에 빠질 것이다. 모두 알다시피 사람은 서로 다르다. 쾌활한 사람도 있고 좀 내성적이거나 우울한 사람도 있다. 후자에 속하는 사람들은 긍정적 태도와 끊임없는 변화를 요구하는 사회에 잘 적응하지 못하는 것처럼 보이지만, 그렇다고 해서 잘못된 것은 아니다. 어쩌면 변화에 휩쓸리지 않고 단단하게 서 있기가 더 쉬워지므로, 행복하게 사는 데 도움이 된다고도 할 수 있다. 매사에 항상 '예'라고 말해야 하는 것은 노예뿐이다. 그러므로 자유를 지닌 사람이라면 누구나 '아니요'라고 말할 수 있어야 한다.

오버 부킹 권장하는 사회

그런데 왜 우리 사회에서는 '예'라는 대답이 '아니요'보다 유행할까? 나는 두 가지 주된 이유가 있다고 생각한다.

첫째, 사회의 빠른 속도와 변화하는 성질 때문이다. 그런 사회에서 '예'라는 대답은 그럭저럭 '괜찮은' 사람이 되는 방법이다. 지금 진행 중인 변화를 따라갈 만큼 충분히 진취적인 사람으로 보이게 만들기 때문이다. 덴마크 철학자 아네르스 포그 옌센(Anders Fogh Jensen)은 우리 시대를 '프로

젝트 사회'라 부른다. 온갖 공적, 사적 활동이 '프로젝트'로
여겨진다. 이것들은 일시적이며 단기적이지만, 종종 되풀이
될 수도 있다.[3] 이런 사회에서는 개인이 유능하게 보이기 위
해, 그리고 능력과 잠재력을 최대한 활용하기 위해, 자신의
일정을 과도하게 채우는 일이 발생한다. 마치 항공사들이
'오버 부킹'하는 것처럼 말이다.

이제 우리가 살면서 해야 하는 일들은 모두 '프로젝트'가
되고 말았다. 이런 프로젝트들은 물론 대부분 '일시적'이다.
무언가 더 흥미로운 일이 레이더에 나타난다면 그냥 중단
된다. 그뿐 아니라, 사람들이 프로젝트에 '예'라고 대답해야
한다는 생각이 널리 퍼졌다. 입사 지원을 할 때나 면접을 볼
때에는 도전 정신이 강조된다. 새로운 도전에 "예"라고 답하
는 사람은 좋은 평가를 받지만, "고맙지만 안 하겠습니다"라
는 공손한 답변을 하는 사람은 의지와 용기가 없다고 평가
된다.

둘째, 자신이 진취적이지 못하거나 어수룩한 사람으로 보
일지 모른다는 두려움 때문이다. 이런 생각은 중요한 정보
나 좋은 기회를 놓칠지 모른다는 두려움에서 나온다. 이 두
려움을 '포모증후군(FOMO, Fear Of Missing Out)'이라고 부

른다. 이런 사람들은 유한한 삶을 최대한 즐기는 것이 중요하다고 생각한다. 한정된 짧은 시간에, 할 수 있는 한 많은 것을 보고 들어야 한다. 그러니까 매사에 '예!'라고 외치며 인생의 모든 기회를 잡지 않는다면, 결코 행복할 수 없을 것이라 믿는다. 하지만 진짜 그런가?

이런 생각은 스토아 철학의 이상과는 정반대다. 스토아 철학자들은 긍정적인 경험을 하는 게 당연히 좋다고 생각하지만, 그렇다고 그것만을 계속 좇는 것이 곧 삶의 목적이라고 생각하지는 않았다. 사실 '예스' 철학을 되뇌며 최신 유행만을 좇다 보면, 스토아 철학에서 가장 소중하게 여기는 마음의 평화를 결코 얻지 못한다. 도태되고 뒤처지지 않을까 하는 두려움으로 '아니요'라고 말하지 못하는 사람은 결국 길을 잃는다. 한 발짝 뒤로 물러나 냉철하게 자신의 현실을 이해하기가 어려워진다. 가속화 문화는 마음의 평화와 안정을 바라지 않는다. 오히려 문제로 여긴다. 마음이 평화로운 사람들은 온갖 종류의 비합리적 요구와 요청에 제동을 걸 테니까. 그들의 침착하고 비판적인 태도는 유동적이고 유연하며 변화무쌍한 개인을 이상으로 내세우는 시대에서는 장점으로 인정받지 못한다.

불안의 해독제

'예'를 옹호하는 사람들은 '아니요'라고 답하는 사람들을 용기가 부족하고 융통성이 없으며 지나치게 몸을 사린다고 비난한다. 하지만, '예'라고 대답하는 사람들이야말로 용기가 없는 사람들이다. 변화를 따라잡지 못할까 봐, 흐름을 놓칠까 봐 계속 두려워하기 때문이다. 이런 두려움을 없애기 위해, 매번 깊은 고민 없이 '예'라고 대답하는 것이다. 물론, 그렇게 대답해도 두려움을 모두 없애지는 못하지만 말이다.

'예스' 철학 전도사들은 자신들이 무엇이 옳은지 안다고 확신한다. 그들은 긍정적 태도와 능력개발을 길러주는 '예'라는 답이 좋고 옳다고 믿는다. 그러나 스토아 철학자들은 반대로 주장한다. '예'라는 확신보다, 오히려 의심을 선호한다. 달리 말하면, '글쎄요'라는 대답을 늘 준비해 두라고 권한다.

요즘 세상은 확실성을 그 어느 때보다 찬양한다. 확실성은 좋고 의심은 나쁘다고 여긴다. 그러면서도 모든 것이 끊임없이 발전하고 달라져야 한다고 주장한다. 다소 모순적이다. 어쩌면 우리는 끊임없이 변화하는 세상에서 더 이상 확실성을 찾지 못하기 때문에, 역설적으로 확실성을 숭배하게 된 것은 아닐까?

우리는 확실한 답을 얻기 위한 온갖 방법을 고안해내고 있다. 이는 정치적 결정부터 일상생활에 이르기까지 모든 분야에서 일어난다. 예컨대, 어떤 정책의 실행 여부는 순전히 경제적 계산을 토대로 내려지며, 직장에서 성과에 대한 평가 역시 정성적 요소보다 정량적 요소에 더 영향을 받는다. 그와 더불어 '아니요'라고 말하는 사람, 의심하는 사람은 우유부단하고 약하며 뭘 모르는 사람으로 치부된다.

의심과 불확실성이 이렇게 인기 없는 이유는 아마 우리가 사회학자들이 '위험사회'라 부르는 시대를 살고 있기 때문일 것이다. 위험사회에서는 발전, 특히 기술 발전의 부산물로 새로운 위험이 끊임없이 생겨난다. 환경 위기, 기후 위기, 금융 위기는 모두 이러한 기술발전의 부산물이다. 이로 인한 한 가지 결과는 '확실성의 윤리'가 찬양받는 세상이 되었다는 것이다. 확실성의 윤리에 따르면 확실한 지식을 갖는 일이 중요하다. 경제 문제인지 건강 문제인지 교육 문제인지 심리 문제인지에 상관없이 확실성을 확립하기 위해 과학이 동원된다. 다른 사람들이 내 말에 귀 기울이게 하려면, 스스로 자신감을 가져야 한다.

의심은 이런 확실성의 해독제다. 본질적으로 확실성은 독선적이다. 반면에 의심에는 중요한 윤리적 가치가 있다. 생각해 보라. '나는 안다'는 확신 뒤에는 맹목성이 뒤따르기 쉽다. 특히 '예'라는 대답이 늘 최선이라는 확신은 그 자체로 맹목적이다. 반면에 의심은 열린 생각을 낳는다. 다르게 행동하는 방법과 세상을 달리 이해하는 길이 열린다. 내가 안다면, 나는 다른 사람 말에 귀 기울일 필요가 없다. 그러나 내가 의심한다면, 다른 사람의 관점을 더 중요하게 여기게 된다.

초등학교부터 대학까지 우리는 '알기' 위해 배운다. 하지만 우리는 또한 의심하는 법을 배워야 한다. 망설이는 법을 배워야 한다. 다시 생각하는 법을 배워야 한다. 철학자 사이먼 크리츨리와의 인터뷰집인 『삶을 멈추고 걱정을 시작하는 법(How to Stop Living and Start Worrying)』은 자기계발 철학을 거꾸로 뒤집은 책이다. 보통 우리는 "걱정 그만하고 '예'라고 대답하면서 삶에 뛰어들어!"라는 소리를 듣는다. 그러나 크리츨리는 의심과 걱정, 망설임을 미덕으로 여긴다. 모두 한결같이 '예'라고 말한다면, 우리는 예스 철학의 위험을 간과하게 된다. 그러면 어떻게 될까? 크리츨리는 이렇게 말한다. "인간은 행복한 소 떼로 전락하고 맙니다. 우둔한 소떼의 만족을 행복이라고 제도적으로 착각하게 되지요."4 크리츨리가 도발적으로 표현한 것처럼 예스 철학 뒤에는 웃는소 떼가 있다.

의심의 윤리란 우리가 더 많이 의심하고 더 자주 '아니요', '글쎄요'라고 말해야 한다는 생각이다. 여기에는 우리 자신이 누구인지 확신하는 것이 아니라, 오히려 끊임없이 의심해야 한다는 의지가 포함되어 있다. 요즘에는 심리학자, 심리치료사, 자기계발 강사, 점성술사들이 우리가 진짜 누구인지 확신을 주겠다며 서로 경쟁한다. 하지만 확신보다는 의심이 우리가 정말로 누구인지 깨닫는 데 도움이 된다. 노르웨이의 저명한 범죄학자이자 사회학자 닐스 크리스티(Nils Christie)는 이렇게 말한다.

어쩌면 우리는 우리가 누구인지, 그리고 다른 사람들이 누구인지를 최대한 고민하는 사회와 제도를 만들기 위해 애써야 할지 모릅니다. 우리를 풀어야 할 수수께끼로 재창조해야 합니다. 정신과 의사들이 해야 할 몫이 있다면 그들의 환자들이 얼마나 복잡한 존재인지 알리는 것입니다. 정신과 의사들은 자신들이 만나는 사람들을 소재로 단편소설을 써야 합니다. 그렇게 하면 사람들이 인간과 인간의 행동을 더 잘 이해하게 될지 모릅니다.[5]

크리스티는 왜 정신과 의사들이 단편소설을 써야 한다고 했을까? 소설은 자기계발서나 전기와는 뚜렷이 다른 방식으로 우리 존재의 복잡성을 보여준다. 이러한 문학의 역할에 대해서는 6장에서 다시 살펴볼 것이다.

의심을 하면서도 굳건히 서는 법

지금까지 우리가 이야기한 것을 정리하면 이렇다. 의심이 들 때는 주로 '아니요'라고 답하라. 의심이 들지 않는다면 확신하기 전에 의심을 해야 할지 생각해 보라. 앞서도 얘기했지만 늘 '아니요'라고 대답하거나 의심하라는 말이 아니다. 의심을 하거나 '아니요'라고 답하는 일이 결코 잘못된 게 아니라는 말이다. 더 나아가 '아니요'를 더 일상적으로 말할수록, 우리는 두 발로 굳건히 서기가 쉬워지며 정말로 우리에게 중요한 일들에 충실할 수 있다. 항상 '예'라고 말하는 사람은 누군가 '이봐, 이리 와봐!'라고 말할 때마다 지금 자신이 해야 할 일을 뒤로 미뤄야 할 것이다.

아마 지금쯤이면 이 책이 뿌리 없이 부유하는 가속화 문화의 대안을 제시하려다 풀 수 없는 모순에 빠진 게 아닌가 생각하는 독자도 있을지 모른다. 의심을 해야 한다면서 어떻게 굳건히 서 있을 수 있단 말인가? 의심이 미덕이라면 무엇을 딛고 단단히 서란 말인가?

바로 의심을 토대로 단단히 서 있으라는 말이다. 우리는 망설일 권리, 다시 생각할 권리를 주장해야 한다. 진부하게 들릴지 모르겠으나, 내가 보기에는 꽤나 심오하고 엄청난 윤리적 가치가 담겨 있다. 거의 모든 정치적 폭력은 자신들이 진실을 안다고 확신하는 이들이 저지른다. "우리는 대량살상무기가 있다는 것을 안다!" "우리는 유대인이 열등하다는 것을 안다!" 정치와 윤리, 살아가는 방식에 대해서는 확신보다는 망설이고 의심하는 것이 인간적이다. 답을 알 수 없고, 때로는 문제가 뭔지도 알 수 없는 위험사회에서 '의심'은 우리가 딛고 설 만한 토대다. 우리는 의심을 딛고서도 단단히 서 있을 수 있다. 철학자 소크라테스는 '무지의 지'를 강조하면서, 의심하는 태도야말로 좋은 삶을 살 수 있는 단단한 뿌리가 되는 자세로 여겼다.

또한 철학자 리처드 로티는 이런 의심하는 삶의 방식을 실존적 이상으로 제안했다.[6] 그는 이것을 일종의 실존적 아이러니로 설명한다. 그러니까 우리의 세계관이 유일한 것이 아니라 많은 세계관 가운데 하나일 뿐임을 인정하라는 말이다. 그렇다고 다른 세계관을 찾아 돌아다니라는 말이 아니다. 자신의 세계관을 토대로 단단히 서되, 다른 사람들은 다른 세계관을 가질 수도 있음을 받아들이는 것이 이상적이다. 이런 태도를 '관용'이라 부른다.

철학자 한나 아렌트는 『인간의 조건』에서 의심의 윤리를 이렇게 표현한다. "진실이 없다 해도 사람은 진실할 수 있다. 믿을 만한 확실성이 없다 해도 사람은 믿을 만할 수 있다."[7] 아렌트는 스토아 철학자는 아니지만 이 문장은 스토아 철학의 신조 가운데 하나를 너무도 아름답게 표현했다. 그리고 이는 오늘날 우리에게도 적절한 격언이다.

어쩌면 절대 진리라는 것이 없을지 모른다. 하지만 바로 그렇기에, 우리 삶의 진리를 창조하는 건 우리의 몫이 된다.

빠르게 변화하는 세상에 확실성 같은 것은 없지만, 바로 그렇기 때문에 우리가 믿을 만해야 한다. 미쳐 날뛰는 세상에서 질서 있고 일관성 있는 섬을 창조해야 한다. 이런 섬을 창조하려면 '아니요'라고 말할 능력이 있어야 한다. 이런 의미에서 '아니요'는 굳건히 서기 위한 훌륭한 전제 조건이다.

풍파로 가득한 이 세상에서 마음의 평화를 얻으려면 어떻게 해야 할까? 30년간 노예로 혹사당하다가, 훗날 존경받는 철학자가 된 에픽테토스는 이렇게 말했다고 전한다. "누구든 두 단어만 마음에 새기면 평화를 찾을 수 있다. 바로 집요함과 저항이다."

다시 말해, '아니요'라고 대답하는 연습을 강조한 셈이다. 직장을 한번 떠올려보라. 상사의 지시에 무조건 '예'라고만 대답한다고, 순조롭게 직장 생활을 할 수 있을까? 오히려 부당하거나 지나친 업무에 시달리면서 스트레스만 받을 것이다. 이상적으로 말해, 우리 일터는 '예' 못지않게 '아니요'라고도 말할 수 있는 곳이어야 한다. 그러니까 순순히 동의하는 것 못지않게 왜 어떤 일이 제대로 되지 않을지를 지적하는 것도 인정받을 수 있어야 한다. 그런데 주로 '혁신안'으로 불리는 것들이 오히려 상당한 시간과 노력을 낭비할 때가 많다. 새로운 체계와 업무를 감당할 만큼 역량을 개발하고 나면 (다시!) 구조 혁신이 일어난다. 그러니 변화의 소란을 수습하려면, 매달 몇 번은 '혁신안'을 거절할 줄 아는 조직 분위기가 필요하다.

경영자들은 흥분에 휩싸여 '새로운 비전'을 내밀며 직원들이 고개를 끄덕이도록 강요해서는 안 된다. 경영자들도 질문을 해야 한다. 우리가 잘라내야 할 일, 불필요한 일은 무엇일까? 이때 목표는 효율성이라는 신성한 이름으로 '린 경영'(생산에서 판매까지 불필요한 낭비를 최소화하는 체계적인 경영 전략-옮긴이)을 실천하는 것이 아니라 사람들이 일의 본질에 집중하도록 돕는 것이다. 연구자는 연구할 수 있고, 외과 의사는 수술할 수 있고, 교사는 가르칠 수 있고, 사회복지와 의료 전문가는 사람들을 도울 수 있도록 말이다. 자료 입력과 평가에 시간을 낭비하는 대신 진짜 일을 할 수 있게끔 도와야 한다.

만약 당신이 다니는 직장에 '아니요'라고 말하는 분위기가 조성되어 있지 않다면? 이 어려운 기술을 혼자서라도 연습하기 시작하라. 처음에는 의욕이 넘쳐서 모든 요구에 그냥 '아니요!'라고 대답할지 모른다. 물론, 그렇게 해서는 안 된다. 타당한 이유가 있을 때만 '아니요'라고 말하라. 제안이 불쾌하거나 모욕적이거나 굴욕적이기 때문일 수도 있고, 당신이 이제부터 너무 많은 '프로젝트'를 짊어지지 말아야겠다고 결심했기 때문일 수도 있다. 어쩌면 다른 사람들이 당신의 '프로젝트'가 아니라, 당신이 헌신해야 하는 사람들이라는 사실을 깨달았기 때문일 수도 있다. 앞서도 말했지만 무엇에 '아니요'라고 말할지는 그냥 내면의 목소리만으로 결정해서는 안 된다. 그러면 무엇을 바탕으로 결정해야 할까?

스토아 철학자들은 이성에 묻길 추천한다. 사실 '아니요'라고 말하는 게 합당한 일들이 많다. 예를 들면 이미 맡은 일을 모두 끝내기 전까지는 다른 프로젝트에 '아니요'라고 말하는 것이 옳다. 새 프로젝트가 아무리 흥미롭게 들려도 말이다. 기회를 놓치고 싶지 않다는 마음 때문에 '아니요'라고 말하기 힘들지도 모른다. 나는 매일 적어도 다섯 가지는 거절하는 게 좋다고 생각하는데, 어쩌면 다소 심한 요구일지도 모른다. 특히 아주 오랫동안 '예'라는 대답을 입에 달고 살던 사람에게는 더더욱 말이다.

그러니 그동안 반대하고 싶었거나 불필요하다고 생각했지만 어쨌든 계속 하고 있던 일에 '아니요'라고 말하도록 노력하라. 또 있다. 많은 직장에서 지루하고 불필요하게 긴 회의를 계속 고집한다. 이런 회의를 계속하자는 제안에 '아니요'라고 말하고, 하던 일을 하고 싶다고 설명하라. 미소를 지으며 '아니요'라고 말하라.

스토아 철학의 목표는 괴팍한 반대론자가 되는 것이 아니다. 반대는 목적을 달성하기 위한 수단일 뿐이다. 진짜 목적은 마음의 평화를 찾는 것이다. '아니요'라고 자주 말하지 못하겠다면, 늘 하루를 되돌아보고 다시 생각할 수 있도록 의심하고 망설이는 연습을 하라. 그럴 때는 '예'라고 말하는 대신에 '음, 좀 더 생각해 보겠습니다'라고 말하면 된다.

4장

감정의 노예가 되지 말라
우리가 진정 의지해야 할 것들

앞에서 나는 내면 탐색에 쓰는 시간을 줄이고, 삶의 부정적인 면에 주목하며, '아니요'를 더 자주 말하라고 충고했다. 하지만 여기서 멈춘다면, 당신은 아마 짜증과 화를 잘 내는 괴팍한 사람으로 불릴지 모른다. 그러니 이 책을 멈추지 말고 계속 더 읽는 게 중요하다. 우리는 감정, 특히 부정적 감정을 통제해야 하며 가끔은 완전히 억누를 수도 있어야 한다.

여기서 '부정적 감정'은 뭘까? 죄책감, 부끄러움, 화 같은 감정은 부정적으로 여겨지지만, 사실 나쁘거나 완전히 없애야 할 감정은 아니다. 사람이라면 누구나 그런 감정을 느낄 수 있다. 그런 감정은 우리 삶에서 일어나는 부정적 사건들에 대한 정상적인 반응이다. 부정적인 일이 일어났을 때, 우리 감정이 우리에게 신호를 보낼 수 있다는 것은 좋고 바람직한 일이다. 우리가 잘못을 저질렀을 때, 죄책감과 부끄러움을 느낄 수 있다는 것은 무척 중요하다. 죄책감을 느끼지 못하는 사람은 자신의 행동에 책임지는 인간으로서의 기본 자세를 갖추지 못한다.

죄책감은 우리가 무언가를 잘못했다고 말해주는 감정이다. 그게 부정적인 감정이라 해도 우리가 삶을 충만하게 살려면 반드시 필요하다. 부끄러움도 마찬가지다. 부끄러움을 느끼지 못하는 사람은 자신의 말과 행동이 주변 사람에게 어떻게 보일지 알지 못한다. 부끄러움은 우리가 주변 사람들에게, 공동체에서 인정받지 못할 방식으로 행동하고 있음을 알려주는 신호다. 부끄러움을 느끼지 못한다면, 스스로 생각하는 성숙한 존재가 되기 힘들다. 존엄성과 고결함을 갖춘 사람이 되기 힘들 것이다.

부끄러움을 아는 건 왜 중요한가?

발달심리학의 관점에서는 기독교의 창세기 신화를 부끄러움의 이야기로 볼 수 있다. 태초의 인간인 아담과 이브는 사실상 동물이었다. 도덕규범이 없는 벌거벗은 원숭이였다고 할 수 있다. 선악과를 먹은 뒤에야 선과 악을 알게 되었고, 자신들의 벌거벗은 몸을 부끄럽게 여기기 시작했다. 하느님은 그들에게 옷을 주었고 천국 같은, 그러나 실은 짐승 같았던 에덴동산을 떠나도록 했다. 그때부터 아담과 이브는 사람이 되었다.

인간성은 도덕성과 떼려야 뗄 수 없을 정도로 묶여 있으며, 도덕성은 부끄러움과 함께 시작된다. 창세기 신화가 심리학적 진실을 조금이라도 반영한다면, 바로 인간됨은 부끄러움을 느끼는 능력과 밀접하게 연결돼 있다는 것을 보여준다. 부끄러움을 통해 우리는 다른 사람의 시선에 보이는 우리 모습을 알 수 있고, 우리 자신을 평가할 수 있다. 부끄러움이 없다면, 우리는 스스로 생각할 능력을 갖지 못했을 것이다. 달리 말해, 나 자신과 관계를 맺을 능력을 키우지 못한다. 나 자신과 올바르게 관계를 맺는 능력은 이성적인 삶을 살기 위한 전제조건이다.[1]

따라서 요즘 부모들이 자녀를 죄책감으로부터 끊임없이 보호하려는 태도는 걱정스럽다. 죄책감과 수치심은 아이들을 도덕적이고 책임 있는 존재로 성장하도록 이끌어줄 감정이다. 내가 어렸을 때는 사람들이 아이들에게 이렇게 말하곤 했다. "부끄러운 줄 알아야 한다!" 그런데 요즘은 이런 말을 거의 듣지 못한다. 안타까운 일이다.

궁극적으로 우리는 부정적 감정의 중요성을 인정해야 한다. 물론 기쁨이나 자부심, 고마움 같은 긍정적 감정도 마찬가지로 중요하다. 하지만 그런 '긍정적' 감정을 절대적으로 신뢰하지는 않도록 조심할 필요도 있다.

미래학자들은 '감성 사회'를 말하고, 심리학자들은 '감성 지능'을 찬양한다. 또한 '진정성' 있는 삶을 살기 위해 우리가 느끼는 대로, 부정적 감정이든 긍정적 감정이든 잘 표현해야 한다는 생각이 널리 퍼져 있다. "행복을 느낀다면 거침없이 노래하고 춤추라." "화가 난다면 제발 그 화를 억누르지 마라." "감정을 억누르면 진정성이 없다."

그러나 이 책의 네 번째 단계에서는 이처럼 감정을 광신적으로 숭배하는 태도의 문제점을 짚어보면서, 감정을 억제하는 법을 익혀야 한다고 제안한다. 감정을 억제하면 진정성을 잃게 되지 않을까? 이렇게 반문한다면, 나는 사실 진정성이라는 개념 자체도 믿을 만하지 않다고 대답하겠다. 어떻게 해서든 진정성을 지키려고 애쓰는 대신, 우리는 존엄성을 지키기 위해 애쓰는 합리적인 어른이 되어야 한다. 그러려면 자신의 감정을 조절하는 능력이 필요하다.

당신이 우울증에 빠져드는 이유

지그문트 바우만은 우리 문화가 '금기'를 바탕으로 한 문화에서 '명령'을 바탕으로 한 문화로 진화했다고 설명한다.[2] 감정과 도덕성을 보는 관점도 함께 달라졌다. 금기에 바탕을 둔 문화에서 도덕성은 우리가 하거나 생각해서는 안되는 것을 판단하는 일련의 규칙들로 구성된다. 예를 들어, 프로이트의 정신분석은 금기에 바탕을 둔 문화를 분명히 반영하고 있다. "사회는 성 충동처럼 금지된 감정을 억누르고, 기존 규범에 따라 승화시키기를 우리에게 요구한다. 그렇게 하지 못하면 우리는 신경증에 걸린다. 신경증은 지나친 충동과 감정에 대한 정신병리적 반응이다."

그러나 오늘날 신경증은 더 이상 우리 사회의 주요한 정신질환이 아니다. 신경증이라는 개념은 최근 진단 체계에는 잘 등장하지도 않는다. 거칠게 말해 신경증은 우리에게 뿌리를 내리라고 요구하는 사회, 정서적으로 안정되고 변함없는 삶을 요구하는 사회를 사는 사람들이 앓는 증상이다. 그러나 요즘에는 유동성이 안정성을 대체했다. 도덕은 이제 더 이상 금기(안 돼!)에 바탕을 두지 않고 명령(해!)에 바탕을 둔다. 예전에는 억눌러야 했던 감정을 이제는 드러내라고 한다.

오늘날의 가속화 문화는 감정적이며 모험적이고 욕심 많은 사람을 비판하지 않는다. 감정 과잉도 더 이상 문제가 아니다. 오히려 감정 결핍이 문제다. 언젠가 어느 섹스 테라피스트가 하는 말을 들었는데, 예전에는 지나친 성욕 때문에 오는 고객이 많았다면 요즘에는 부족한 성욕 때문에 상담하러 오는 경우가 많다고 한다. 요즘 사회는 '지나치게 유동적인' 사람들이 아니라 '지나치게 안정적인' 사람들을 문제로 여긴다. 유동성과 변화, 자기계발을 줄기차게 요구하는 흐름에 따르는 이들 입장에서는, 안정적인 사람들이 동기도 없고 욕망이 부족한 사람들로 보인다. 따라서 오늘날의 주요한 정신장애는 더 이상 신경증이 아니라 활기 부족과 공허감이다. 바로 우울증이다. 요즘에는 감정과 충동이 문제가 되지 않는다. 곧, 지나치게 많이 원하는 것 때문에 문제가 생기지는 않는다.

오히려 얼마나 지나쳐야 '지나치다'고 말할 수 있는지에 대한 개념마저 달라졌다. 발전과 변화를 가치 있게 보는 사회에서는 지나치게 많이 원하는 걸 문제로 보지 않는다. 오히려 더 많이 원하는 사람이 이긴다. 이제 문제는 '에너지 문제'로 표현되기도 한다. '열정'이라는 개념이 얼마나 많은 영역에 스며들었는지 생각해 보라! 예를 들어, 요즘 각광받는 인생 멘토나 자기계발 강사는 고객들에게 충분히 열정적으로 살고 있냐고 묻는다. "열정적이어야 합니다. 좋아하는 일을 해야 하고, 직장에 가는 일이 즐거워야 하며, 삶에 변화를 만들어내야 합니다. 이런 것들이 제가 살아가는 세상과 산업에서 번성하는 믿음입니다. 그래서 저는 너무 운이 좋습니다."[3]

차라리 그냥 '가면'을 써라

이제는 '열정', '사랑', '재미' 같은 단어들도 점점 일과 연결된다. 사회학자 에바 일루즈는 현대 사회를 경제와 감정이 서로 뒤얽히는 '감정 자본주의'라 부른다.[4] 감정 자본주의는 감정의 문화다. 거기서 감정은 개인 간의 거래에서 중요한 역할을 한다. 직업 시장이든 사랑 시장이든, 그 시장에서 우리를 매력 있게 만드는 것은 우리의 감정 능력이다.

'감정노동'이란 개념은 사회학 도서들에 잘 설명되어 있다. 감정노동은 오랫동안 서비스 분야의 특징이었다. 예를 들어, 비행기 승무원은 승객들의 사기를 북돋우기 위해 항상 미소 지으며 쾌활한 모습을 보여야 한다. 혹사당할 때에도 긍정적이고 편안한 태도로 응대해야 한다. 무척 힘든 일이다. 심지어 몇몇 항공사는 승무원들을 연기 학원에 보내기도 한다. 긍정적 감정을 끌어내는 법을 배우도록 말이다.5 이런 수업은 '메소드 연기'와 상통한다. 우리는 행복한 척하는 승무원이 아니라 '진짜' 행복한 승무원을 원한다. 어떤 감정을 '연기'만 하는 게 아니라 실제로 그렇게 '느껴야' 한다. 핵심은 그 감정을 진짜 느끼는 '진정성'에 있다.

이런 감정노동은 서비스 분야에서 거의 모든 분야로 퍼졌다. 수평적 경영 구조에 팀 활동이 많은 조직일수록 인간관계에서 긍정적이고 협동적이며 유연하게 대처하는 능력이 중요하다. 그러므로 직장에서도 핵심 능력은 개인적, 사교적, 정서적 능력이다. 경영자도 마찬가지다. 그들도 똑같이 열정적이어야 한다. 사실상 우리의 감정은 더 이상 사적인 영역이 아니라 상업화되거나 상품화되었다. 우리는 노동 시장에서 감정을 사고판다. '감성 지능'이 부족한 사람은 다른 사람과 잘 지내는 능력을 개발하기 위해 교육까지 받는다.

하지만, 앞서 말한 대로 지나치게 내면을 들여다보는 일은 별로 좋지 않다. 내면 탐색은 해결책이 아니라 오히려 문제의 원인이 된다. 자기계발 강좌를 듣는 대신에 감성 문화의 기원으로 관심을 돌려보면 어떨까? 역사학자 리처드 세넷은 '공적 인간의 몰락'에 대해 말했다.[6] 공적 인간이란 공적 영역에서 정해진 관습에 따라 행동하던, 옛 금기 문화에서 살던 사람들을 말한다. 공적 인간은 다른 사람 앞에서 자신의 감정을 내보이며 진정성 있게 행동하기보다는 차라리 가면을 쓴다.

세넷은 진정성이라는 이상이 득세하면서 이런 공손한 사회적 관습이 어떻게 점점 사라져갔는지 설명한다. 진정성이라는 이상은 특히 1960년대 반문화 운동 시대에 힘을 얻었다. 사람들은 기존 관습을 미심쩍게 여겼으며, 그것이 사람 사이의 자발적이고 창조적이며 친밀한 만남을 억압한다고 해석했다. 그러나 세넷에 따르면 그런 생각은 틀려도 너무 틀렸다. 그는 사람들이 문명화된 방식으로 함께 시간을 보내려면 관습이 필요하다고 주장한다. 공적 영역에서 특정한 사회적 관습을 따르는 것을 진정성이 없다고 말할 수는 없다. 세넷에 따르면, 오히려 우리는 관습적인 것들이 도덕적이지 않다는 잘못된 생각 때문에 고통받고 있다. 그는 심지어 현대 사회가 관습을 경멸하기에 이르렀고, 그래서 우리는 가장 단순한 삶을 사는 수렵채집인보다 문화적으로 더 '원시적'이 되었다고 말한다.

감성과 진정성을 좇는 현대 사회에서는 세넷이 '친밀함의 독재'라 부른 현상이 일어난다. 개인생활에서든 학교에서든 직장에서든, 감정을 토대로 한 '진정한' 만남이 인간관계의 이상이 되었다. 하지만 이런 이상으로 사람들은 행복해졌을까? 천만에. 오히려 끊임없이 서로에게 상처만 줄 뿐이다. 혹시 요즘 학교와 직장에서 따돌림 현상이 유행병처럼 번지는 것도 바로 사회적 관습이 부족한 탓은 아닐까? 우리는 이제 공손함이나 정중함이 무엇인지 모른다. 그런 자세를 위선적이라거나 차갑다고 비난한다. 하지만 세넷은 공손함이나 정중함이야말로 사람들이 서로 함께하는 시간을 즐기면서도 서로에게서 서로를 보호하는 사회적 관습이라 말한다.

그는 가면을 쓰는 것이 정중함의 본질이라고 말한다. 그러나 요즘 우리는 가면을 쓰는 것은 진실하지 않고 부도덕한 행동이라 여긴다. 하지만 진실은 앞에서 인용한 슬라보예 지젝의 말대로, 그 반대다. 적어도 학교와 직장, 공공기관 같은 곳에서는 그렇다. 이런 공적 영역에서 우리가 합리적으로 공존하기 위해서는 관습화된 정중한 가면이 필요하다.

이런 관점에서 보면, 점점 세를 넓혀가는 감성 문화와 사회 곳곳의 '심리 치료화'는 심각한 문제다. 이들은 각자 내면의 감정을 따르라고 우리를 부추기기 때문이다. 내면의 목소리가 이끄는 대로 살아갈 때 생기는 문제는 이미 1장에서 살펴봤다. 어쩌면 우리는 캐나다의 음유시인 레너드 코헨에게 배워야 할지 모른다. 레너드 코헨은 「그렇다고 그게 쓰레기가 되진 않아(That Don't Make It Junk)」에서 이렇게 노래한다. "나는 내가 용서받았다는 걸 알아. 하지만 내가 어떻게 아는지는 몰라. 나는 내 내면의 목소리를 믿지 않아. 내면의 목소리는 왔다가 사라지지."

당신의 감정을 아껴라

코헨이 노래한 것처럼, 내면의 감정에는 우리가 믿을 만한 것이 없다. 끊임없이 변화하는 문화에서 우리의 감정은 어쩌면 그 어느 때보다 빨리 변한다. 어느 날은 자선활동에 열정적으로 몰두하다가 그다음에는 최신 미국 드라마에 푹 빠져 산다. 적어도 나는 그렇다. 대체로 감정은 우리가 단단히 딛고 설 토대가 되지 못한다. 오히려 환경과 유행에 따라 달라진다. 그러므로 자기 내면의 감정을 깊이 파고드는 것이 진정성으로 가는 길이라는 믿음은 완전히 환상이다. 추월차선을 천천히 달린다고 동료 운전자에게 화를 터트리는 일은 결코 바람직하지 않다. 그것이 진짜 감정이라고 해도 말이다.

'진짜 감정'을 좇으며 '진정성'을 숭배하는 유행 때문에 사실상 우리는 어린애가 되어버렸다. 그렇다 보니 기분에 따라 웃고 울며 감정을 드러내는 아이들이 우리의 이상이 되었다. 아이들은 우리에게 기쁨을 주는 귀여운 존재이긴 하지만, 어른이 된 뒤에도 아이처럼 감정을 솔직하게 드러낸다면 상당한 문제다. 어른으로서 우리는 부정적 감정을 다스리는 사람들을 존경해야 한다. 그리고 긍정적 감정도 항상 마구 표현하지 않도록 조심해야 한다. "우와, 진짜 멋지다!" 같은 표현도 너무 많이 반복하면 빈말이 된다. 개인적으로 나는 긍정 소통법으로 훈련받은 사람과 칭찬을 숨 가쁘게 쏟아내는 사람의 말은 새겨듣지 않는다. 감정은 진짜 필요할 때를 위해 아껴라. 파테 요리(빵 반죽에 고기, 생선, 채소 등을 갈아 넣어 오븐에 구운 프랑스 가정식 요리-옮긴이)를 '증오' 한다고 말해버리면, 극악무도한 독재자를 표현할 단어가 없어진다. 마찬가지로 파테를 '사랑'한다고 말해버리면, 자녀에게 감정을 표현할 때는 대체 무슨 단어를 써야 할까? 그런 점에서 자기 절제라는 스토아 철학의 이상은 균형 있는 삶을 사는 데 도움이 된다.

이와 반대로 감정을 억제해서는 절대 안 된다고 쏘아붙일 사람이 많을 것이다. 그들에 따르면 감정, 특히 부정적 감정을 억제하고 마음 깊이 묻어두면, 그렇게 묻어둔 감정이 곪아서 우리를 아프게 한단다. 그래서 건강을 위해 감정을 솔직하게 표현해야 한다고 말한다. 정말 그런가?

이 문제에 대한 연구 결과는 모호하다. 감정을 억누르면 낮은 자존감부터 암에 이르기까지 온갖 질병을 유발한다고 여겨졌지만, 실제 연구 결과는 다양한 결론을 보여준다. 예를 들어 몇몇 연구에 따르면, 화를 억누르는 사람들은 병에 걸릴 위험이 더 크고 심지어 암에 걸릴 위험도 크다. 그들이 여성이라면 말이다. 그런데 남자는 그 반대다. 남자는 오히려 화를 마음대로 터트리는 사람이 암에 걸릴 위험이 더 크다.[7] 긍정적으로 표현하면 이렇게 말할 수 있겠다. "당신이 남자라면 화를 참는 게 암으로 인한 사망 위험을 줄여준다."

그러니까 이런 연구 결과를 너무 믿어서는 안 된다. 증거는 종종 다양하게 해석될 수 있다. 그러므로 인생철학을 위한 토대로는 부족하다. 정신과 의사 샐리 새틀(Sally Satel)과 철학자 크리스티나 호프 소머즈(Christina Hoff Sommers)는 오늘날 삶의 심리치료화를 비판하면서 감정 절제가 건강에 좋고, 좋은 삶을 사는 데 도움이 될 수 있다는 연구 결과를 소개한다. 그들은 고삐 풀린 감정 표출은 오히려 정신 건강에 도움이 되지 않으며, 슬픔과 상실을 겪은 뒤라 할지라도 감정을 억제하는 편이 오히려 도움이 될지 모른다고 결론 내린다.[8]

감정을 억누르지 말라고 주장하는 사람들은 감정을 억제하면 자존감을 해칠 수 있다고도 말한다. 자기감정이 잘못되었다고 해석하게 되므로 자존감에 해롭다는 말이다. 그러나 우리의 감정이 항상 옳지만은 않다. 당연히 그릇된 감정도 존재한다. 아장아장 걷는 아이가 탁자에 우유를 쏟았다고 미친 듯이 화를 낸다면? 우리는 그러지 말라고 가르쳐야 한다. 골프에서 속임수를 쓰고 경기를 이겼다고 뿌듯해한다면? 그것은 뒤틀린 감정이다. 이런 예는 끝도 없이 들 수 있다. 그러니 우리는 감정을 조절하고 참아야 한다. 특히 질투와 화, 멸시 같은 부정적 감정을 통제하고 억제해야 한다.

그뿐 아니라 자존감에 관련된 이론들이 종종 오해에서 비롯되었다는 것도 기억할 만하다. 오늘날 우리는 자존감이 높으면 좋다는 소리를 끊임없이 듣는다. 낮은 자존감은 모든 문제의 근원으로 여겨진다. 하지만 사실 정말 큰 사회문제들은 낮은 자존감이 아니라 높은 자존감 때문에 생긴다. 통계적으로 높은 자존감은 반사회적 인격장애나 도덕성 결여와 연결되기도 한다.[9] 다양한 최신 연구에 따르면, 높은 자존감은 사람들이 생각하는 것처럼 우리가 모두 손에 넣어야만 하는 성배가 아니다.

스토아 철학자처럼 평화를 찾는 법

간단히 말해, 우리는 부정적 감정을 억눌러서 자존감을 해치지 않을까 두려워할 필요가 전혀 없다. 화 같은 부정적 감정을 억제하는 법을 배운다면 바람직하지 않은 습관이 생기는 걸 막을 수 있다. 사람들은 일단 화를 터트리는 법을 배우고 나면, 갈수록 더 화를 내는 경향이 있다. 어른이라면 감정을 전환하는 기술을 터득해야 한다. 부정적 감정을 줄이고 결국에는 억제하기 위해, 화나 질투 같은 감정이 들 때 자신의 주의를 딴 곳으로 돌리는 법을 익혀야 한다. 심리학 연구에 따르면 부정적 감정을 물리치면 그 감정과 관련된 불쾌한 일도 덜 기억하게 된다.[10] 예를 들어, 누군가에게 지독한 모욕을 당했던 일이 떠오를 때는 그 경험 자체보다 그 일과 관련된 강한 감정에 반응할 때가 많다. 스토아 철학에 따르면 화는 억제할수록 마음의 평화에 도달할 수 있다. 마음을 휘젓는 나쁜 기억도 줄일 수 있다.

하지만 모순이 아닌가? 부정적인 감정을 억제하라는 말은 두 번째 단계에서 강조했던 '삶의 부정적 면을 직시하라'는 말과 모순되지 않는가? 그렇기도 하고 아니기도 하다. 둘은 각기 다른 상황에 적용되는, 서로 다른 충고다. 부정적 일에 대해 불평하는 것이 좋을 때가 있고, 부정적 일에 대한 화를 억제하는 게 좋을 때가 있다. 물론 둘 중 어느 하나도 항상 틀림없이 옳다고는 할 수 없다. 일반적인 자기계발서는 한 가지 구체적인 해답을 추천하지만, 이 책이 전하려는 메시지는 현실은 복잡하며 한 가지 단순한 해답은 없다는 것이다. 그리고 의심이 얼마나 중요한지도 잊지 마시길! 또한 화를 내는 것과 부정적인 면에 주목하는 것은 다른 문제라는 것도!

스토아 철학자들의 목표는 화를 내지 않고도 부정적인 면을 바라보는 능력을 갖추는 것이다. 부정적인 일을 삶의 일면으로 받아들이거나, 현실에서 우리가 할 수 있는 일이 있다면 긍정적으로 변화시켜라.

화를 다스리는
카토의 지혜

   로마 공화정 말기, 권력자인 폼페이우스와 카이사르 사이에 결국 내전이 일어났다. 폼페이우스는 카이사르에게 맞설 군대의 통수권을 뛰어난 장군이자 스토아 철학자인 카토에게 넘기기로 했다. 하지만 불과 며칠 뒤, 전쟁에서 승리할 경우 카토가 모든 영광을 누릴까 두려워진 나머지 그 결정을 철회하고 만다. 카토에게는 모욕적인 결정이었고, 화가 날 법도 했다. 하지만 그는 어떤 반응도 보이지 않고, 그냥 묵묵히 자기 위치에서 책임을 다했다. 결국 전쟁의 성패와 무관하게, 그의 이름은 2,000년이 지나도록 존경을 받게 됐다.

   카토처럼 감정을 잘 억누르는 법을 어떻게 배울 수 있을까? 화를 예로 들어보자. 화는 스토아 철학자인 세네카도 신중하게 연구한 주제다.[11] 그는 기본적으로 화는 인간의 핵심적인 감정이라 여겼다. 어른만이 화를 낼 수 있다. 아이와 동물은 공격성을 보이거나 짜증을 낼 수 있다. 하지만 우리는

'화내는 아기'나 '화내는 고양이' 같은 표현은 거의 쓰지 않는다. 그 이유는 올바르게 화를 내려면 반성적 자기 인식이 필요한데, 반성적 자기 인식은 어른이 되고 수치심을 배운 뒤에야 발달하기 때문이다. 세네카는 화를 복수하고 싶은 충동이라 정의한다. 물론 이런 충동은 인간에게 자연스러운 감정이지만, 세네카는 화를 내며 시간을 낭비하기에는 인생이 너무 짧다고 말한다. 화는 우리 자의식의 찌꺼기라고 생각하면 좋다. 화는 우리가 견뎌야 하지만, 할 수 있는 한 빨리 내다 버려야 할 감정이다.

세네카에 따르면, 화를 낼 일이 일어날 땐 웃음이 도움이 된다. 예를 들어, 누군가 우리를 모욕한다면 공격적 언사로 맞받아치는 것보다는 유머로 대처하는 게 훨씬 멋지다. 최근에 영국 가수 제임스 블런트는 소셜미디어에 모욕적인 댓글을 단 안티팬들에게 재치 있는 답변을 달았다. "제임스 블런트는 없어 보이는 얼굴에, 엄청 싹수없는 목소리를 가졌다"는 글에 "게다가 융자도 없다"라고 답한 것이다. 그의 행동은 모욕에 어떻게 반응하면 될지 영감을 준다. 세네카는 우리가 화를 냈다면 화를 낸 것에 사과해야 한다고 강조한다. 그렇게 해야 사회적 관계를 회복하고 어쩌면 자아도 더 튼튼해질 수 있다. 사과를 하다 보면 종종 애초에 화를 냈던 일이 무엇이든 대수롭지 않게 보이는 법이다.

　스토아 철학자 에픽테토스는 화를 억누르는 기술로 '투사적 시각화'를 추천한다. 그는 누군가가 아끼는 컵을 깨뜨려서 불같이 화가 치미는 경우를 생각해 보라고 한다. 에픽테토스는 이런 상황에서는 그 일이 내가 아니라 친구에게 일어났다고 상상해 보라고 한다. 그런 상황에서 당신은 아마 친구가 화를 내는 걸 진정시키려 할 것이다.12 이런 생각을 하다 보면 컵이 깨진 것이 그렇게 큰일이 아니라는 걸 깨닫게 되고 화를 터트리지 않게 된다.

　로마 제국의 황제이자 스토아 철학자인 마르쿠스 아우렐리우스도 화를 막는 방법으로 '상황의 하찮음'을 생각하라고 충고한다. 일반적으로 그는 무언가를 잃었을 때 분노와 좌절감이 치밀어 오르는 것을 막기 위해, 모든 것이 영원하지 않다는 사실을 떠올리라고 충고한다. 컵이 깨진 일은 물론 안타깝기는 하다. 특히 귀하고 아끼던 컵이라면 더 아쉽겠지만, 영원이라는 관점에서 보면 모든 것이 결국 사라지기 마련이다. 불같이 화를 낼 일이 아니라 무척 작고 사소한 일일 뿐이다.

화를 내며 살기에는 인생이 너무 짧다. 마음의 평화를 흐트러뜨리고, 단단히 서 있지 못하게 뒤흔드는 감정을 다스리는 법을 배워야 한다. 단단히 서 있고 싶다면 쉽게 넘어져서는 안 된다. 텔레비전과 광고, 소셜미디어에는 우리의 감정에 호소하는 것들을 끊임없이 쏟아낸다. 이런 호소 때문에 우리의 욕망은 쉴 새 없이 달라진다. 덧없는 욕망만 줄곧 좇는다면 결코 단단히 서 있을 수 없다. 그러므로 우리는 감정을 억제하는 법을 배워야 한다. 어쩌면 '진정성'을 잃을지도 모른다. 하지만, 그래도 괜찮다. '진정성' 있게 감정을 마구 배출하는 사람이 되느니, 자신의 감정을 잘 다스리는 사람이 훨씬 존엄하게 살 수 있다. 다소 강하게 표현하면, 차라리 가면을 쓰는 연습을 하라. 다른 사람의 사소한 행동에 휘둘리지 않도록 연습하라. 연습했다면 이제 다음 단계로 넘어갈 준비가 되었다. 바로 당신의 멘토와 헤어지는 일이다.

5장

멘토를 좇는 대신 우정을 쌓아라

건강한 삶을 위해 해야 할 일

어쩌면 지금쯤 당신은 더 이상 열심히 내면을 들여다보지도 않고, 부정적인 면에 집중해서 자꾸 "아니요"라고 대답하고, 감정을 억누르는 바람에, 멘토나 코치를 자처하는 이들이 당신 주변에서 싹 떠나갔을지도 모른다. 아직도 그들이 떠나지 않았다면, 당신이 먼저 작별을 고할 차례다.

　멘토나 코치들은 '당신 안에서 답을 찾는 걸 도와주겠다'고 약속하지만, 이제 우리는 그것이 환상이라는 것을 안다. 그들의 코칭은 결국 우리 시대의 가속화 문화의 모든 문제를 드러내는 증상일지 모른다. 결국 정답을 알려주는 게 아니라, 사회적 기준에 맞춰 끊임없이 능력을 개발하고 변화할 것만 강조하기 때문이다. 안정과 만족이 아니라 개발과 변화가 코칭의 존재 이유다. 다시 말해, 끊임없는 불안이 그들의 동력이다.

　내가 코치와 헤어지라고 말할 때, 그건 꼭 시간당 15만 원씩 들이는 코칭을 일컫는 게 아니다. '삶의 코칭화' 또는 '삶의 심리치료화'라고 부르는 모든 것을 일컫는다. 개개인을 온갖 불안으로 에워싸서, 자기계발에 의존하게 만드는 요즘 분위기를 뚜렷하게 대변하는 존재가 바로 멘토나 코치다.

이들은 마음의 평화를 찬양하는 스토아 철학의 대척점에 있다. 스토아 철학에서 중요한 건 시대에 맞춰 계속 나를 변화시키고 성공을 향해 내닫는 삶이 아니라, 마음의 평화다. 그건 유동하는 것이 아니라 한자리에 단단히, 굳건히 서 있을 때 얻을 수 있는 것이다.

당신의 인생을 코칭해 드립니다

코칭 산업은 지난 수십 년간 전 세계적으로 성장에 성장을 거듭했다. 스포츠 분야부터 교육, 비즈니스 그리고 삶 전반에 이르기까지 '라이프 코칭'이라는 이름으로 널리 퍼졌다. 오늘날의 가속화 문화에서 코칭은 종교와 비슷하다.[1] 자아와 자기계발이 그 중심 교리다. 자기계발 욕구는 지칠 줄 모르고 성장하는 듯하다. 리더십 코칭, 직원 코칭, 가족 코칭,

섹스 코칭, 스터디 코칭, 인생 코칭, 모유 수유 코칭 등등 끝이 없다.

모두가 그 열차에 올라타길 원한다. 이제 코칭은 상담과 심리치료, 목회 같은 활동에도 침투했으며 온라인 강의와 유튜브 채널 등 곳곳에서 영향력을 과시한다. 몇 년 전, 내 친구와 지인들 중 상당수가 코치가 되는 교육을 받고 있었다. 이제는 멘토나 코치라고 할 만한 사람이 너무 많아서, 소수만이 생계를 이을 수 있다.

멘토나 코치는 우리를 앞으로 이끈다. 이른바 우리 각자의 방식과 선택대로 이끈다고 한다. 그들은 개개인의 삶에서 무엇이 좋고, 무엇이 나쁜지를 꼼꼼히 따지진 않는다. 우리 시대의 정수라 할 만한 소비자 정신에 따르면 소비자는 항상 옳다. 그러니 내게 무엇이 좋고 나쁜지는 나만 안다. 멘토나 코치의 일은 내가 '진정한 나 자신'을 찾도록, 무엇을 진짜로 좋아하는지 찾도록 돕는 것이다. 그들은 내 소망을 비추고, 내가 그 목표를 실현하도록 돕는다고 말한다. 질문은 코치가 던지지만 대답은 내 안에서 나온다.

코칭은 자아 중심 문화에서 중요한 심리적 도구가 되었다. 조금 도발적으로 표현하면, 코칭은 자아종교라 부를 만한 광범위한 세계관의 일부다.[2] 자아종교는 과거 사회를 지배하던 종교들의 많은 기능을 이어받았다. 사제가 했던 일을 이제 심리치료사나 코치, 멘토들이 한다. 현대에서 전통적인 종교인이 점점 줄어드는 건 당연하다. 다양한 종교 교파는 이런저런 테라피와 코칭뿐 아니라 여러 개인 성장 프로그램에 자리를 내주었다.

은총과 구원은 자아실현과 역량 강화, 평생학습으로 대체되었다. 우주의 중심 자리에는 신이 아니라 이제 자아가 들어앉았다. 역사상 이처럼 자아와 자아의 특징(자존감, 자신감, 자기계발 등)에 대해 많은 사람이 떠든 적이 없었다. 요즘처럼 '자아'를 측량하고 평가하고 개발할 방법이 이토록 넘쳐나던 때도 없었다.

다수의 전통 종교와 달리, 자아종교에는 인생과 자기계발의 틀을 규정할 외적인 권위(신)가 없다. 대신에 우리에게는 우리 삶을 이끄는 빛이라고 여겨지는 내적 권위(자아)가 있다. 앞서 말한 대로 그렇기에 '자신을 탐색하기', '자신으로 일하기' 그리고 '자신이 원하는 방향으로 발전하기'가 그토록 중요하게 여겨진다. 그렇다 보니 양육, 교육, 경영, 사회사업을 비롯한 여러 사회적 활동이 근래 들어 심리치료와 비슷해졌다.

요즘 교사는 다양하고 종합적인 지식을 전달하는 존재가 아니라, 치료사나 코치처럼 학생들의 '전인적 개인 성장'을 돕는 사람이다. 교사들이 회초리를 버린 지는 오래되었지만, 요즘 그들은 '심리적 회초리'를 쓴다. 이를테면, 사회성 교육 게임이나 집단 치료법 게임 등을 써서 자기계발을 통한 사회화를 촉진한다. 이런 게임은 고도로 개별화된 방식으로 학생들이 자신의 긍정적 자질을 이해하게 함으로써, 그들의 잠재 능력을 개발할 수 있다는 생각에 바탕을 둔다. 이런 게임을 지도하는 교사는 교육 문제에 중점을 둔 코칭 강좌를 수강했을 수도 있다.

마찬가지로 요즘 관리자들은 권위적이고 딱딱하게 직원의 고용과 해고, 관리에만 신경 쓰는 사람이 아니다. 업무능력개발평가나 코칭 시간에 직원의 말에 귀 기울이고, 내면 성찰을 이끄는 치료사가 되어 직원의 개인 역량을 개발하려고 애쓴다. 우리는 자아를 데리고 출근한다. 그리고 시장가치를 지닌 자아를 개발한다. 무엇보다 자아를 역량 강화 프로젝트를 위한 재료로 여긴다.[3] 이런 상황에서 코칭은 개개인의 역량을 발견하고 평가하고 최적화하는 핵심 수단이다.

주정뱅이의 딜레마

미국의 대통령 조지 부시와 빌 클린턴, 그리고 러시아의 정치가 미하일 고르바초프를 코칭했던 세계적인 자기계발 구루 토니 로빈스는 이렇게 말한다.

행복해지기 위해 무엇보다 꼭 필요한 것이 하나 있다. 그건 바로 발전이다. 내 코칭의 핵심은 '쉼 없고 끝없는 향상'이다. 나 스스로 그렇게 산다. 당신의 관계가 행복하려면 관계의 발전이 필요하다. 당신의 몸과 함께 행복해지려면 몸을 단련해야 한다. 당신의 일이나 비즈니스가 성공하려면 그 일이나 비즈니스가 발전해야 한다.[4]

'쉼 없고 끝없는 향상'이 성공적인 운동선수에게는 유용할지 몰라도, 평범한 사람의 행복을 위한 공식으로 적절할까? 다소 의심스럽다. 코칭의 위험은 우리가 가만히 있도록 결코 놔두지 않고 다음과 같이 요구한다는 데 있다. "누구에게나 항상 발전의 여지는 있는 법이고, 당신이 발전하지 않는다면 그건 당신 잘못이다. 노력을 충분히 하지 않았기 때문이다."

코칭의 메시지는 충분히 믿고 원하기만 하면 무엇이든 해 낸다는 것이다. 일이 제대로 풀리지 않는 건, '내'게 충분한 의지가 없었기 때문이라고 말이다. 따라서 무언가 문제가 생기면 당연히 자신을 비난한다. 외부의 사회적 비난을 내 적인 자기비판으로 변형하는 셈이다.[5]

또 다른 문제는 우리가 불안을 느끼거나 제자리걸음을 하 거나 축 처지거나 탈진했을 때 코칭이 만병통치약처럼 추천 된다는 것이다. 그런데 정작 그 피로와 공허감은 끊임없는 자기계발과 향상 요구 때문에 생겼을 수 있다. 코칭으로 생 긴 문제를 더 많은 코칭으로 해결하겠다는 생각은 생텍쥐페 리의 『어린왕자』 속 한 장면을 떠올리게 한다. 어린왕자가 여러 별을 여행하다 주정뱅이가 사는 별에 들른 적이 있다. "왜 술을 마시나요?"라고 묻자, 주정뱅이는 "부끄러워서 마 시지"라고 답했다. 어린왕자가 다시 "뭐가 부끄럽죠?"라고 묻자, 주정뱅이는 이렇게 답했다. "술 마시는 게 부끄러워!"

우리는 자아를 너무 오래 탐색하다가 사실 내면엔 아무것 도 없다는 사실을 깨달았기 때문에 지쳐 있는지도 모른다. 그때 필요한 건 새로운 멘토나 코칭, 또 다른 자기계발이 아니다. 멘토나 코치는 기본적으로 우리 앞에 거울을 들고 선 사람이다. 내면에서 대답을 찾아야 한다고 말한다. 동시에 지금보다 더 높은 어디쯤을 향해 자기를 계발하라고 말한다. 그럼 대체 언제 멈춰야 할까? 답은 토니 로빈스가 말한 '쉼 없고 끝없는 향상'이라는 구절에 있다. 끝이 없는 계발 속에서 우리는 결코 '충분히' 향상될 수 없다.

토니 로빈스가 사람들의 영감을 자극하기 위해 사용한 유명한 구절 가운데 하나는 이것이다. "성공은 원하는 것을, 원할 때, 원하는 곳에서, 원하는 사람과, 원하는 만큼 하는 것이다." 이 말의 명백한 뜻은 당신이 무엇을 좋아하든 상관없이, 자아실현이 인간 존재의 의미를 규정한다는 말이다.

이런 사고방식을 극단까지 밀고 가면 사이코패스와 비슷해진다. 우리가 무엇을 이루길 원하든 그것을 이루는 데 무엇이 필요하든, 오직 목적을 이루라고 당신을 부추기기 때문이다. 이 사고방식 안에서는 다른 사람들은 기껏해야 당신에게 쓸모 있는 도구가 될 뿐이다. 당신의 행복과 성공을 최대치로 늘리기 위해 이용될 뿐이다. 이들이 정의하는 성공은 '원하는 것을 원하는 때에 원하는 사람과 함께' 하는 것이다. 이런 성공의 개념에 따라 아이들을 키운다면 어떨까? 우리는 아이들이 무엇을 원하든 괜찮다고 말할 것이며, 교육의 목표는 오로지 자기 내면의 욕망을 실현하는 법을 가르치는 것이 될 것이다.

요즘 우리 사회에 널리 퍼진 자아종교와 끊임없는 자기계발 강요가 어떤 의미인지 이제 분명히 알 수 있을 것이다. 사실 아이를 키우다 보면, 아이가 원하는 것을 들어주기보다 사회가 정한 테두리 안에서 사는 법을 가르쳐야 할 때가 많다. 전통적인 육아는 자아만 강조하기보다, 자아 바깥에도 알아야 할 것이 많다는 생각에 바탕을 둔다.

부모와 교사가 할 일은 인격과 윤리, 고결함을 아이들에게 불어넣는 것이다. 그들이 사회적 경계를 인식하고, 그 안에 머물 수 있도록 가르쳐야 한다. 야망과 가치, 이상 같은 것을 추구하는 게 옳다는 믿음만으로 아이를 키우는 사람은 오히려 아이를 망치고 말 것이다.

코칭 원칙에 기반한 육아 철학은 아이에게 올바른 가치를 심어주거나 '경계'를 가르치지 않는다. 물론 문제는 이런 육아 철학이 독립적인 삶을 제대로 살아갈 어른을 키울 수 있느냐다. 이렇게 키워진 아이들은 아마 삶에서 무엇이 중요한지를 깨닫지 못하고, 사람으로서 해야 할 일을 제대로 하기보다는 내적 충동에만 매달리는 어른이 될 것이다.

자기 내면을 들여다보고, 좋아하는 일을 하고, 원하는 것을 얻어낼 방법을 찾는 데는 전문가가 되겠지만, 결국 그냥 '똑똑한 어린아이'에 불과한 어른이 될 것이다. 수단을 최대한으로 이용하는 데는 전문가일지 모르나, 인생에는 개인적, 주관적 관점을 넘어선 삶의 의무라는 게 있다는 사실은 전혀 모를 것이다. 달리 말해, 그들은 하고 싶기 때문이 아니라 중요하기 때문에 해야 하는 일이 있다는 것을 깨닫지 못한다. 삶에는 개인들이 어떻게 느끼든 간에 그 자체로 중요한 일이 있는 법이다. 그러나 요즘 유행하는 멘토나 코칭, 자아종교의 흐름은 이런 생각에 코웃음을 친다.

결코 돈으로 살 수 없는 것들

요즘에는 멘토나 코치에게 갖는 믿음이 전통적인 우정의 자리를 차지하기도 한다. 이런 관계를 전통적인 사제관계나 우정에 빗대는 사람도 있다. 하지만 나는 이 두 관계가 완전히 다르다고 생각한다.

플라톤과 아리스토텔레스 이래로, 철학자들은 우정이 인간의 삶에 꼭 필요하다는 사실을 알았다. 아리스토텔레스에 따르면, 친구란 함께 시간을 보내며 서로에게서 기쁨을 얻는 사람이다. 친구에게 좋은 일이 생겼다면, 당연히 기쁘지 않겠는가? 그러나 우리는 거기서 이득을 얻기 때문에 기쁜 게 아니다. 친구 자신을 위해서 그의 행복을 빈다. 그러므로 우정은 그 자체로 본질적 가치를 지닌 관계다. 우리가 때로 자신을 희생해서 친구를 도울 때, 그것이 바로 진정한 우정이다. 만약 나에게 도움이 될 때만 다른 사람을 돕는다면 어떨까? 엄밀히 말해 그는 친구가 아니라 '내가 네 등을 긁어줄 테니 너도 내 등을 긁어줘' 식의 암묵적 계약에 바탕을 둔 동반자일 뿐이다.

'주고받기'는 고용인과 피고용인을 비롯한 많은 인간관계에 적용되지만, 부모와 자식 사이에는 적용되지 않는다. 부모는 자식에게 얻을 게 있을 때가 아니라 자식이 부모를 필요로 할 때 무조건 옆에 있어야 한다. 아리스토텔레스에 따르면 친구 사이에도 부모 자식 관계처럼 주고받기가 적용되지 않는다.

그러면 멘토나 코치와의 관계는 이런 우정과 무엇이 다를까? 코치와 고객의 관계는 주고받기가 적용되는 도구적 관계의 전형이다. 양쪽이 그 관계로부터 서로 이익을 얻는 동안만 관계가 유지되며, 종종 금전적 이해관계를 토대로 한다. 만약 멘토나 코치가 나의 '자기계발'과 '성장'과 '성공'에 전혀 도움이 되지 않는다고 생각해 보라. 당신은 그럼에도 그와 계속 관계를 유지하겠는가?

과거에 우리는 무척 가까운 친구하고만 꿈과 비밀을 나누곤 했다. 그런데 요즘에는 그런 이야기들을 자아의 '완전한 잠재력' 실현을 목표로 하는 이들인 멘토나 코치와 나누게 됐다. 이는 가속화 문화에 널리 퍼진 경향 중 하나다. 그런 사회에서 우리는 갈수록 우정다운 우정을 만들기가 어려워 졌다. 내가 '팔로워'할 사람과 나를 '팔로잉'하는 사람만 있을 뿐이다.

그리고 요즘 사람들은 '내 친구들'이라는 표현 대신 '인 맥'이라는 표현을 자주 쓴다. 그러나 인맥은 도구적인 개념이다. 필요할 때 동원하기 위해 유지하고 관리하고 발전시켜야 하는 대상이다. 직장을 옮기고 싶다면 인맥 안에서 알아본다. 사회학자들은 '사회자본'이라는 형태로 인맥의 범위와 힘을 양적, 질적으로 측정한다. 이때 자본은 사실상 은 유적 표현이라고 할 수 없다.

이러한 경향은 개인 관계의 상품화와 진짜 우정의 퇴화를 뜻한다. 아리스토텔레스나 스토아 철학자들이 말하는 것처럼, 전통적 의미에서 친구는 인생에서 그 자체로 가치 있는 것이다. 친구는 당신의 삶을 향상시키는 도구이거나 뭔가 필요할 때 사용할 수 있는 수단 같은 게 아니다. 다시 말해, 진짜 우정은 결코 돈으로 살 수 없다.

"우리는 자신의 일처럼 친구의 기쁨을 기뻐하고, 그들의 슬픔에도 똑같이 슬퍼합니다. 그러므로 지혜로운 사람들은 자기 자신에게 하듯이 친구에게도 느낄 것이며, 친구를 위해서 어떤 수고든 기꺼이 마주할 것입니다." 스토아 철학의 영향을 받았던 로마의 정치가 키케로는 우정에 대해 이렇게 말했다. 기쁨과 슬픔을 함께 나누며, 심지어 친구를 위해 나의 손해도 무릅쓸 수 있는 것이 바로 우정이다.

반면, '삶의 코칭화'와 같은 인간관계의 도구화는 얼마나 불편한가? 만약 서로가 '쓸모'가 있을 때에만 유지되는 관계라면, 그 '쓸모'를 유지하기 위해 얼마나 전전긍긍할 것인가? 바로 그런 점에서 우정은, 역설적으로 전혀 쓸모가 없어야 한다. 쓸모가 없기에 더없이 쓸모 있는, 그 자체로 우리 삶에 큰 의미가 되는 중요한 것이다.

진정한 우정과 도구적 관계를 구별하게 됐다면, 우리가 쓰는 언어에 주의를 기울이자. '인맥'을 운운하는 대신에 '내 친구들'이라는 표현을 쓰는 것이 좋다. 물론 이때 친구는 페이스북 친구나 인스타그램 팔로워 같은 개념이 아니다. 인맥은 일종의 연줄에 바탕을 둔 관계로 구성된다. 당신의 진짜 친구는 당신이 그를 위해 행복을 바라는 사람, 당신에게 아무 이득이 없어도 기꺼이 도울 사람이다. 누군가가 당신을 진정한 친구로 여겨준다면, 얼마나 고마운 일인가.

우정은 서로를 구속하는 계약이 아니다. 그러니 우정과 친구라는 개념을 당신 삶에 다시 들여오고, 당신의 멘토나 코치와는 관계를 정리하라. 물론, 어쩌면 그들과도 친구가 될 수 있을지 모른다. 멘토나 코치들은 대개 사람을 좋아하고, 남을 돕길 좋아해서 그 역할을 자처한 무척 좋은 사람들일 때가 많다. 그러니 그들과도 진정한 친구가 되어 우정을 나눌 수 있을지도 모른다. 서로를 이용가치로 판단하는 것이 아니라, 그 자체로 가치 있는 존재로 여기게 될 수 있다.

그럼 이쯤에서 이 새로운 우정이 무럭무럭 자랄 토양이 될 두 가지 활동을 제안하겠다. 문화 활동과 자연 활동이다. 전자의 대표 활동은 박물관 관람이고, 후자의 대표 활동은 숲을 산책하는 일이다.

박물관에는 과거의 유물이 모여 있다. 특정 시대나 인간이 경험하고 창조해 낸 중요한 가치들을 전해줄 예술품과 공예품들이 있다. 분명 우리는 거기에서 많은 것을 배울 수 있다. 하지만 보다 큰 기쁨은 그 지식과 정보를 어떻게 유용하게 써먹을지 연연하지 않고 그 경험을 그냥 즐기는 데 있다.

달리 말해, 다른 쓸모가 없는 것들의 가치를 감상하는 법을 배우는 것이다. 박물관은 일상에서 전혀 쓸모가 없는, 극단적으로 말하면 '쓰레기'에 불과한 것들도 전시하고 찬양한다. 순수하게 실용적인 관점에서 보자면 물론 비합리적이다. 그러나 박물관에 가면 우리는 어디서 뚝 떨어진 존재가 아니라, 무수한 시간 동안 서로 얽히고설킨 수많은 문화적 전통의 연장선에 서 있다는 것을 알게 된다. 내가 '개인'일 뿐 아니라, 오랜 문화적 전통의 '구성원'임을 깨닫게 된다. 동시에 친구와 함께 감상을 나누면서(때로는 다투기도 하면서), 나의 시야를 확장하고 우정을 단단하게 다질 수 있다.

마찬가지로 숲을 산책하다 보면, 친구와 더 속 깊은 대화를 나눌 수 있다. 풀밭과 흙길을 걷다 보면, 자연스레 마음의 벽이 허물어지기 때문이다. 또한 자연 속에서, 우리는 개별적인 존재가 아니라 자연의 일부임을 느끼게 된다. 또한 자연을 단지 우리의 욕망을 충족시키기 위한 것으로 치부할 수 없게 된다. 풀이나 나무, 새들은 우리가 지상에 존재하기 오래전부터 있었고, 아마 우리보다 더 오래 살아남을 수도 있다. 그들은 우리를 위해 그곳에 있는 게 아니다.

스토아 철학의 관점에서 자연은 인간의 경험 세계를 넘어서는 우주 그 자체다. 그렇다고 자연을 신격화할 필요는 없지만, 그 앞에서 겸손해질 때 비로소 우리는 자아를 신격화하는 오늘날의 '자아종교'에 건강한 회의를 품게 될 것이다. 자연의 본질적 가치를 제대로 이해하려면 자연 속으로 들어가는 것이 가장 좋다. 예컨대, 향유고래가 멸종한다면 세상이 더 안 좋아질까? 자기 자신에게 질문을 던져보라. 모든 의미와 가치를 인간의 주관적인 관점으로 축소시켜 버리는 '쓸모'라는 관점에서 보면, 대답은 아마 '아니요'일 것이다.

향유고래는 우리에게 그다지 쓸모가 없다. 물론 기름이나 용연향을 얻을 수도 있겠지만, 없다고 해서 인류 문명이 위협을 받거나 하지는 않는다. 하지만 누군가 "향유고래 따위 멸종해 버려도 상관없다"라고 말하면, 보통 사람 대부분은 불편함을 느낀다. 딱히 향유고래에게 애정이 있거나, 경제적인 관계가 없다고 해도 그렇다.

　박물관 관람이나 산책하는 일도 마찬가지다. 낡은 고물로 가득한 박물관이 타버린다고 누가 신경이나 쓰겠는가? 미세 먼지로 산책을 할 수 없게 된다고 세상이 망하겠는가? 하지만 놀랍게도 나를 비롯해 많은 사람이 그런 일들에 신경을 쓴다! 왜 그럴까? '쓸모'와 별개로, 그 자체로 가치가 있는 것들이 있다는 걸 모두가 이미 알고 있기 때문이다.

　그럼 이제 어떻게 하면 될까? 그다지 어렵지는 않다. 일단 '쓸모'와 '자기계발'을 돕겠다는 멘토나 코치와는 결별하자. 그리고 자아 밖의 삶과 연결점을 찾는다. 그러기 위한 최고의 일은 내가 아니라 다른 사람에게 도움이 될 만한 일을 찾아서 하는 것이다. 남에게 알리지 않고 몰래, 누군가를 위해 좋은 일을 해 보면 더 좋다.

　이 일은 '쓸모'나 '주고받기'라는 관점에서는 시간 낭비로 여겨질 수 있다. 그러나 계속해서 이런 선행을 하다 보면 그것의 본질적 가치를 이해하게 된다. 무엇이 가치 있는지 아닌지 결정하는 기준이 개인의 내적 경험이나 판단 기준에 있

지 않단 걸 깨닫게 된다.[6] 세상에는 그 자체로 좋고 중요하고
의미 있는 것들이 있다. 아무런 대가가 없더라도 말이다.

6장

소설을 읽어라
좋은 삶을 살기 위해 꼭 필요한 도구

자, 앞에서 말한 대로 멘토나 코치와 헤어졌다면, 당신은 아마 자기계발 금단 증상을 겪게 될 것이다. 끊임없이 자기 내면을 돌아보고 자기계발에 매달리던 사람이 갑자기 바깥세상으로 눈을 돌리기란 쉽지 않다. 니코틴 패치를 붙이거나 니코틴 껌을 씹으며 금연을 결심한 사람처럼, 당신은 '더' 건강하고 '궁극적인' 행복을 약속하며 '진정한' 자아실현의 길로 이끄는 '새로운' 자기계발서를 탐독하게 될지 모른다. 아니면 멘토나 코치 대신, 역사적 인물들이나 정말로 성공한 사람들의 전기를 집어 들지도 모른다. 맙소사. 그렇다면 당신은 지금 담배를 끊은 대신, 니코틴 패치나 니코틴 껌에 중독돼 있다.

　전기나 자서전은 굉장히 단선적인 이야기 구조를 가지고 있다. 그들은 아주 어릴 때부터, 성공할 만한 근거와 경험을 탄탄히 갖춰나갔다. 심지어 일시적인 실패마저도! 사람들은 아마 이런 단순한 이야기에 안정감을 얻는 것 같다. 그런데 자기계발서와 자서전에는 공통점이 있는데, 자아를 삶의 가장 중요한 면으로 찬양한다는 점이다. 그러나 그들이 찬양하는 자아는 고결함이나 도덕적 가치로 보면, 그다지 균형 잡힌 자아가 아니다. 그저 끊임없이 발전하고 성장하고 변화하는 자아다.

그래서 이번 장의 목표는 사람들이 자기계발서나 유명인의 자서전에 지나치게 의존하지 않도록 하는 것이다. 철학자 찰스 테일러는 '진정성의 윤리', 곧 삶의 목적은 진정한 자아실현이라는 믿음이 어떻게 새로운 형태의 의존을 낳는지 분석했다. 자기가 누구인지 확신할 수 없는 사람들은 온갖 종류의 자기계발 안내서에 매달리게 된다.[1] 그런데 무엇 때문에 우리는 스스로 확신하지 못하게 된 걸까? 테일러에 따르면, 역사나 자연, 사회를 비롯해 우리 외부에서 우리와 깊이 연결되어 영향을 주고받는 모든 걸 차단한 채, 오직 내면의 자아만을 숭배하기 때문이다. 앞에서 나는 이런 현상을 '자아종교'라 불렀다. 자기가 누구인지 이해하려 할 때, 이러한 외부의 중요성을 배제한다면 토대가 될 만한 것은 결국 자기 자신밖에 남지 않는다. 가족, 친구, 연인, 고향, 사회와 문화적 배경 등을 배제하고 우리 자신을 이해한다면, 기껏해야 얄팍한 이해만 남을 것이다. 최악의 경우, 내가 따라야 할 의무란 무엇이며 삶에서 무엇이 정말 중요한지도 깨닫지 못하게 된다.

자기계발서들은 이런 문제를 만드는 데 기여하므로 되도록 무시하는 게 좋다. 그러나 독서는 일반적으로 좋은 일이므로 다른 종류의 책을 즐겨 읽기를 추천한다. 바로 소설이다. 자기계발서나 자서전과 달리 소설은 삶을 더 정직하게 그린다.[2] 삶의 복잡하고 종잡을 수 없고 혼란스럽고 다면적인 모습을 그대로 그린다. 소설을 읽다 보면, 우리가 삶을 뜻대로 살기가 얼마나 힘든지, 어떻게 삶이 수많은 타인과 사회, 문화, 역사와 얽혀 있는지 깨닫게 된다. 그래서 소설의 책장을 덮고 나면, 자신만만해지는 게 아니라 오히려 겸허해진다. 그리고 이러한 겸허함은 끊임없는 자기 탐색과 자기계발이 아니라, 의무를 다하는 일로 우리를 이끈다.

자기계발서는 얼마나 효과가 있을까?

노르웨이의 심리학자이자 사회학자 올레 야코브 마센(Ole Jacob Madsen)은 문화적 관점에서 자기계발서 장르를 비판했다.[3] 그는 인지적 접근법, 마음챙김, 자기경영, 자존감, 자기통제 같은 다양한 자기계발 기법을 분석하고, 어떻게 명상과 자존감 강화를 통해 환경 문제나 금융 위기처럼 심각한 문제도 해결할 수 있다고 착각하게 만드는지 보여준다. 마센은 많은 자기계발서가 지나치게 편협한 관점에서 쓰였다고 본다. 대체로 자기계발서는 운명에 대한 책임을 개인에게 지우고 사회적 문제마저 개인적으로 풀 수 있다고 말한다. 사실 개인과 선택의 자유, 자기계발을 찬양하는 자기계발서가 한편으로는 갈수록 자기계발 프로그램과 심리 치료에 중독된 사람들을 만들어낸다는 것은 모순적이다. 자기계발서들은 자아실현을 이루는 길을 약속하지만, 사실은 어린애 같고 의존적인 어른을 만들어낸다.

마센은 서론에서 캐나다 작가 윌 퍼거슨(Will Ferguson)이 자기계발 산업을 풍자한 소설을 인용한다. 소설 제목은 간단하게 『행복(Happiness)』이다. 주인공은 출판사 편집자인

데 우연히 이름 모를 작가가 쓴 자기계발서 원고를 발견한다. 원고가 책으로 출판되자 다른 경쟁도서들과 달리 100퍼센트 효과가 있다는 사실이 드러났다. 그 책은 사람들을 치유해 주고 부유하고 성공적이며 행복하게 만들어주었고, 곧 베스트셀러가 되었다. 그런데 유행병처럼 번진 행복은 예상치 못하고 계산치 못했던 결과를 낳았다. 마피아를 비롯해 인간의 불행을 먹고 사는 모든 산업이 출판사에 항의했다. 폭력을 휘두르기도 했다. 편집자는 안전을 위해 작가를 찾아 나설 수밖에 없었다. 그런데 알고 보니 작가는 인생에 대한 환상이라고는 조금도 없는 냉소적인 암 환자였다! 그는 그저 손주들의 경제적 안정을 위해 그 책을 썼을 뿐인 것이다. 하지만 유행병처럼 번진 파괴적 행복을 막기 위해, 저자는 이번에는 100퍼센트 효과가 있는 안티 자기계발서를 쓰기로 결심한다. 아마 내가 쓴 이 책과 크게 다르지 않은 책이었을 것이다.

이 배꼽 빠지는 풍자소설은 한 가지 분명한 사실을 알려준다. 바로 자기계발서는 실제로 별로 효과가 없다는 것이다! 자아실현과 자기계발을 도와서 '최고 버전의 나'로 만들어주겠다고 약속하는 책들이 수천 권씩 출판되는 이유는, 바로 그 책들이 딱히 효과가 없기 때문이다. 또는 앞서 언급했던 의존증에 다시 빗대면, 약물에 중독되면 약효가 갈수록 빨리 떨어지기 때문에 중독자들은 점점 더 많은 약을 먹어야 한다.

자기계발서도 마찬가지다. 사람들은 건강을 위해 혈액형별 식사법이나 '마음챙김 식사법' 같은 걸 시작하자마자 그보다 더 새롭고, 더 근사해 보이는 비법에 마음이 빼앗긴다. 사야 할 책과 알아야 할 개념과 수강해야 할 강좌가 언제나 있다. 이런 의미에서 자기계발 산업은 가속화 문화의 소비자 정신을 반영한다. 책을 포함한 자기계발 상품은 '진정한 나'를 찾도록 돕겠다고 약속하지만, 실제로는 끊임없이 자기를 변화시키는 일에 매달리게 한다. 토니 로빈스가 설교한 '쉼 없고 끝없는 향상'이다. 전체적으로 자기계발서 장르는 안정성보다는 유동성을 찬양한다. 진정한 자신이 되어야 하는 동시에 늘 변화해야 한다.

전기나 자서전도 마찬가지다. 그것들이 베스트셀러 목록 상위권에 끊임없이 오르는 이유는 유명인이 어떻게 자아를 실현했는지 궁금해하는 사람들이 많기 때문이다. 저자들이 점점 젊어지는 추세를 보면, 자아실현도 점점 이른 시기에 성취해야 할 것이 되는 듯하다. 자신만만한 스포츠 스타들은 대개 서른 살쯤 되면 자서전을 쓴다. 많은 기업인과 TV 사회자, 음악가, 배우들도 자서전을 출판한다. 사실 전기와 자서전의 기본 논리는 늘 똑같다. 삶이란 주인공이 개인적 선택과 경험을 통해 진정한 자아를 실현하는 여정이다.

이러한 전기의 아류로 역경 수기도 있다. 그것은 경제적 위기, 이혼, 우울증으로 인한 자살 시도 등 충격적인 경험을 오히려 인생이 우리에게 안겨준 선물처럼 그린다. 이런 수기에서 고통은 긍정적으로 받아들이기만 한다면, 스스로를 더 깊이 이해하고, 결국 더 나은 삶을 살도록 돕는 자산이 된다. 자서전은 부정적인 결과만 낳는 위기는 거의 그리지 않는다. 위기와 역경을 개인의 성장과 개발을 위한 기회로 그릴 때가 훨씬 많다. 물론 위기와 역경이 성장의 기회가 될 때도 더러 있다. 그러나 말 그대로 위기와 역경일 뿐일 때도 있다. 좋은 결과라고는 조금도 없는 끔찍한 상황일 때도 있다. 오히려 부정적인 상황을 있는 그대로 받아들이고 존엄하게 살려고 애쓰는 게 나을 때도 많다. 그러나 이런 지혜는 전형적인 자기계발서나 자서전에서 배우지 못할 것이다.

삶을 이해하는 가장 진실한 방법

시련을 제대로 직시하고 받아들이는 법을 배우려면, 소설을 읽어야 한다. 물론 소설은 상업소설부터 러시아의 실존주의 고전에 이르기까지 대단히 넓은 범주를 갖고 있다. 자기계발적 사고와 비슷하게 단선적 전개를 따르는 소설도 셀 수 없이 많다. 그러나 중요한 점은 소설이라는 형식이 우리의 삶과 자아를 다양한 방식으로 자유롭게 보여줄 수 있다는 것이다.

현대인들이 삶을 자전적 프로젝트로 생각하는 현상은 분명 현대 소설이라는 문학 형식의 출현과 관계가 있다.[4] 1606년에 출판된 세르반테스의 『돈키호테』를 기준으로 하면, 근대에 탄생한 소설 장르는 한 개인의 세상 경험을 묘사하며 그의 관점이 책에 묘사된 세상에 어떻게 영향을 미치는지 탐구한다. 이 점에서 소설은 앞 시대의 문학과 대비된다. 예를 들어 민요나 서사시 같은 중세의 문학 서사는 보편적인 경험을 대표하는 일반적 상황에 집중함으로써 '모든 사람'을 묘사한다. 반대로 소설은 개인화의 초기 단계와 더불어 성장했으며 독자에게 세상을 주관적이며 1인칭 시점으로 이해하는 법을 가르쳤다.

소설이라는 장르가 진화하자 러시아의 문학 이론가 미하일 바흐친이 소설의 다성성(polyphony)이라는 개념을 제시했다. 풀어서 설명하면, 소설가는 하나의 목소리에 제한되지 않고 다양한 목소리로, 심지어 서로 충돌하는 목소리로도 말할 수 있다는 것이다. 그러나 이때도 소설이 다루는 세상은 여전히 하나다. 다양한 인물이 다양한 관점과 목소리로 하나의 세상을 해석할 뿐이다.

근래에는 가끔 다신적(polytheistic)이라 불리기도 하는, 새로운 형식도 등장했다.5 베스트셀러 작가이자 노벨문학상 후보자로도 수차례 오른 무라카미 하루키는 다신적 소설을 쓰는 대표적인 작가다. 그의 소설에서는 많은 신들(또는 세계관)이 모인다. 그러나 그 많은 관점이 단 하나의 세상으로 합쳐지는 게 아니라, 서로 공존하면서 독자가 이 세상으로 빨려 들어갔다가 저 세상으로 빠져나오곤 한다.

하루키 소설의 다신적 특성은 많은 작품에 드러나지만 최근작인 『1Q84』에서 가장 많이 드러난다. 그의 소설에서 현실은 종종 형태를 바꾼다. 마술적 사실주의라고도 부를 수 있을지 모르겠다. 물론 그의 작품은 마술적 사실주의의 선구자인 가브리엘 가르시아 마르케스나 호르헤 루이스 보르헤스 같은 남아메리카 작가들과는 다르다.

　이렇게 보면 소설은 세상을 보는 하나의 관점에서 여러 관점을 반영하는 것으로 발전했고, 마침내 다양한 세상을 보는 다양한 관점을 반영하기에 이르렀다. 하루키가 묘사한 세상을 읽다 보면, 흔들리는 토대 위에 서 있는 듯한 위태위태한 느낌도 든다. 이미 알고 있다고 생각했던 것들을 의심하기 시작한다. 혹시 이 책의 3장 내용을 조금이라도 기억한다면, 이런 소설이 등장한 이유는 어쩌면 이제 의심하는 사람들이 절박하게 필요한 세상이 되었기 때문인지도 모른다. 우리에게는 의심의 윤리가 필요하다.

　의심의 윤리를 실천하기란 말처럼 쉽지는 않다. 하지만 소설은 의심의 윤리를 실현하기에 철학서나 자기계발서보다 더 적절하다. 나는 찰스 디킨스, 블라디미르 나보코프, 코맥 매카시의 소설들이 토니 로빈스의 책이나 마틴 셀리그먼의 긍정 심리학보다 우리를 더 나은 사람으로 만든다고 확신한다. 물론 소설과 자기계발서를 비교하는 것은 사과와 배를 비교하는 것과 같다. 하지만 둘의 공통점도 있다. 둘 다 사람으로 존재하는 것이 무엇을 뜻하는지, 삶이란 무엇인지를 다룬다. 우리가 자아와 자기계발을 유일신처럼 숭배하는 토니 로빈스 대신 하루키의 복잡한 다신적 세계관으로 세상을 본다면 우리 사회의 인간관은 어떻게 달라질까?

나를 만드는 테크놀로지

소설이 오랜 세월에 걸쳐 변화하는 동안 독자도 진화했다. 철학자 미셸 푸코의 용어를 쓰면, 소설은 일종의 '자기의 테크놀로지'다. 푸코는 자아가 주체성을 형성하고, 주체성에 영향을 미치는 테크놀로지와 늘 엮여 있다고 본다. 자기의 테크놀로지란 개인들이 주체로서(곧 행동하는 개인으로서) 특정 방식으로 자신을 창조, 재창조하고 개발하면서 자신과 관계하는 모든 도구를 일컫는 푸코의 용어다.6

푸코는 스토아 철학자들의 편지나 자전적 편지, 양심 검토, 금욕주의 같은 자기의 테크놀로지들을 검토했다. 얼핏 보기에는 푸코가 말하는 이 개념이 자기계발과 같아 보일지 모른다. 그러나 둘 사이엔 중대한 차이가 있다. 오늘날 자기계발은 내적 자아를 발견하고 실현해야 할 것으로 보지만,

푸코는 자아를 환상으로 본다. 곧, 화가가 그린 초상화처럼 창조되는 것이라 생각한다. 즉, 푸코가 생각하는 자아는 내면에서 발견되는 것이 아니라 우리가 만드는 것이다.

또 다른 차이는 푸코가 말하는 자기의 테크놀로지 개념이 윤리와 밀접히 연결돼 있다는 점이다. 윤리라는 개념은 푸코의 철학에서 몹시 중요하다. 푸코의 후기 사상에서 윤리는 자기가 자신과 맺는 지속적 관계를 나타낸다. 그러므로 윤리는 추상적인 철학이 아니라 현실에서 주체가 경험하고 학습하는 것들과 연결해서 이해되어야 한다.[7]

어떤 사람이 된다는 것, 주체가 된다는 것은 자아에 이미 존재하는 특성을 발견하고 개발하는 일일 뿐 아니라 사람으로 산다는 것이 윤리적으로 무슨 의미인지 깊이 고민하는 일이기도 하다. 더 나아가서 윤리는 다신적 세상에서 특히 중요하다. 다신적 세상에서 삶의 목적은 자신의 진실을 발견하는 것이 아니다. 우리가 앞서 3장에서 살펴본 한나 아렌트의 주장처럼 진실하게 사는 것이다. 소설을 읽으면 이를 더 잘 이해하는 데 도움이 된다.

그래서, 무슨 책을 읽으라고?

지금쯤 "좋아요. 그런데 무슨 책을 읽어야 하나요?"라고 묻고 싶을 것이다. 대답하기 어려운 질문이다. 대답은 사람마다 다르다. 호메로스부터 단테와 셰익스피어뿐 아니라, 수많은 현대 소설가들의 작품도 읽을 가치가 있다는 빤한 대답을 할 수밖에 없다. 거기에 덧붙여 내게 도움을 줬던 몇몇 작가와 책을 추천할 수도 있겠다. 나는 도널드 덕부터 세르반테스까지 모든 곳에서 영감을 찾을 수 있다고 생각한다. 그러니 내가 좋아하는 책 소개가 너무 잘난 척하는 것처럼 들리지 않았으면 좋겠다.

앞에서도 언급한 대로 나는 하루키의 팬이다. 꿈부터 요리에 이르기까지 모든 것을 생생하게 묘사하는 그의 글을 읽다 보면 명상 같은 상태에 빠지곤 한다. 내가 생각하기에는 그의 책을 읽는 행위는 어떤 마음챙김 명상보다 낫다. 하지만 하루키 말고도 내게 무척 중요한 현대 작가가 두 사람 더 있다. 하나는 프랑스 작가 미셸 우엘벡이다. 그 역시 가속화 문화의 예리한 관찰자다. 그는 유명하지만 악명도 높으며 논란이 많은 작가다. 그를 에밀 졸라까지 거슬러 올라가는 프랑스 실증주의 전통을 계승한 작가로 높이 평가하는 사람이 있는가 하면, 선정적인 돌팔이 작가로 치부하는 사람도 있다. 이 논쟁을 정리하려고 애쓰지 않겠다. 어쩌면 둘 다 맞는 말일지 모른다. 그럼에도 그의 소설은 삶과 자아가, 어느 한 개인이 좌지우지하지 못할 만큼 무척 포괄적인 사회적, 역사적 과정의 결과임을 보여주려 애쓴다. 또한 이런 사회적, 역사적 과정의 문제점도 무척 해학적이고 풍자적으로 그린다. 그의 책을 읽으면 힘이 빠진다는 사람들도 있지만, 나는 정반대다. 환상이라고는 조금도 없는 우엘벡의 관점에는 우리 시대의 문제들에 대한 냉철한 사유를 고양시키는 면이 있다.

우엘벡의 책이 순수한 허구인지, 의미 있는 자전적 요소를 품고 있는지 판단하기는 어렵다.[8] 그의 작품은 사실과 허구, 예술과 과학의 경계를 끊임없이 넘나든다. 주인공은 미셸 우엘벡 자신을 떠올리게 할 때가 많다. 사실 대부분의 소설에서 남자 주인공의 이름은 미셸이다. 대표작 『소립자』에서 주인공은 자기계발에 집착하는 부모에게("두 사람은 육아의 부담이 개인의 자유를 추구하는 자신들의 이상과 양립할 수 없음을 곧 깨달았다") 버림받은 뒤 할머니 손에서 자라는데, 이런 배경은 저자 본인의 삶과 비슷하다.

우엘벡의 작품에서 반복되는 주제는 점점 속도가 빨라지는 소비자 사회에서 벌어지는 인간관계의 끝없는 상품화다. 그의 소설에 등장하는 거의 모든 관계의 특징은 서비스 교환이다. 이처럼 서비스를 교환하는 관계에서 개인의 경험은 무척 소중한 자산이 되고 인생의 모든 것을 평가하는 기준이 된다. 사랑은 대개 순전히 성적인 관계로만 묘사된다. 피상적이며 코믹한 뉴에이지 철학으로 이루어진 종교는 새로운 경험을 파는 시장에 나온 또 하나의 상품일 뿐이다.

그의 소설은 자기 탐색과 자아실현이라는 개념이 사실상 우리의 가장 친밀한 관계조차 상품화되고 도구화되는 후기 자본주의 사회의 반영일 뿐임을 알려준다. 삶에서 중요한 일은 단단히 딛고 설 토대로 삼을 만한 외적 기준을 찾는 것이 아니라, 되도록 많은 경험을 채워 넣는 것이 되고 말았다. 그러니 "1960년대, 70년대, 80년대, 90년대에 도덕적 가치가 버려진 것은 당연한, 거의 불가피한 과정이었다."[9] 우엘벡은 우리 사회에서 삶의 중요한 측면과 정체성의 붕괴를 디스토피아적으로 묘사했다. 그의 묘사는 정확한 동시에 과장되었다. 이런 의미에서 그의 소설은 가속화 문화, 그리고 그 문화가 우리에게 미치는 영향을 분석한 일종의 문학적 사회학이라 할 수 있다.

노르웨이 작가 칼 오베 크나우스고르도 비슷하다. 그는 자전적 소설『나의 투쟁』으로 대단한 국제적 호평을 누렸다. 수천 쪽에 걸쳐 최면을 걸듯 독자를 빨아들이는 그 작품에서, 크나우스고르는 일상의 자질구레한 일들을 매혹적일 정도로 집요하게 묘사한다. 그는 우엘벡만큼 비판적이거나 풍자적이지는 않지만, 우엘벡만큼이나 환상이 없다. 그렇다면 저자가 자신의 이야기를 바탕으로 쓴 위대한 책『나의 투쟁』은 자서전이 아닌가? 아니다. 지금 내가 쓰고 있는 이 책을 자기계발서라 부르기 힘든 것만큼이나,『나의 투쟁』도 자서전이라 부르기 힘들다. 또는 그 기이함 때문에 자서전, 혹은 소설이라는 장르를 해체한다고 말할 수 있다. 자서전을 쓰는 사람은 자신을 창조하거나 실현하는 과정에서 삶의 전환점이 된 결정과 중요 사건들을 이야기한다. 반면 크나우스고르는 하찮아 보이는 일들을 썼다. 이를테면 스웨덴 아이들의 정치적으로 올바른 생일파티에 참가한 경험이나, 자신의 부족한 성 경험에 대해 쓴다.

그런데 이런 이야기들이 그냥 지나가는 이야기가 아니라

오히려 핵심이다. 자신의 초상을 그린다기보다는 가족, 자연과의 관계를 포함한 다른 사람들의 삶에 대한 문학적 성찰에 가깝다. 어쩌면 객관적으로 따졌을 때 우엘벡도 크나우스고르도 '옳지' 않을지 모른다. (그리고 두 사람 모두 실제 사람들과 장소를 소재로 써서 소송을 당했다).

그러나 더 깊은 의미에서 보자면 나는 그들의 책이 우리 삶을 '진정'으로 묘사했다고 생각한다. 그들이 우리에게 '유일한 진리'나 '인생의 정답'을 제시하기 때문이 아니라, 현대 사회에 살아가는 실제 삶의 여러 모습을 진실하게 묘사했기 때문이다. 이들의 책을 읽으면 우리에게 환상을 심어 주지 않는, 황량하고 부정적인 문학이 꼭 우리를 우울하거나 비관적으로 만들지는 않는다는 사실을 알 수 있다. 반대로 이런 책들은 자아 밖에 있는 모든 것들의 중요성을 강조하므로, 우리에게 도움이 된다.

소포클레스는 고대 그리스의 비극작가다. 비록 근대적 문학 장르로서의 소설을 쓰지는 않았지만,『오이디푸스 왕』같은 작품을 읽으면 마치 추리소설을 읽는 것 같은 느낌도 받을 수 있다. 비극의 주제의식은 간단하다. 아무리 지혜롭고 뛰어난 인간도 운명을 완벽하게 예측할 순 없으며, 아무리 잘 대비해도 언제든 실수하고 실패할 수 있다는 것이다. 앞에서 소설을 읽어야 할 이유로 든 것처럼, 그의 작품을 통해 우리는 부풀려진 '자아'를 직시하면서 겸손함을 배우게 된다.

군이 이런 고전 작품이 아니어도 된다. 앞서 본문에 예를 든 것처럼, 현대 소설 작품도 너무 좋다. 다만, 적어도 한 달에 소설 한 권은 읽어라. 아무리 바빠도 대개 그 정도는 할 수 있다. 나는 앞에서 몇 권을 추천했고, 왜 하루키와 우엘벡, 크나우스고르 같은 작가들이 읽을 가치가 있는지 설명했다. 그들은 자기계발서나 전기와는 완전히 다른 자아 개념을 제시한다. 우리는 우리가 읽은 것에 영향을 받는다. 전기와 자기계발서를 선택하면, 내면에 있는 진정한 자아를 찾고 계발하는 일에 전념하게 된다. 그런 책들은 자아를 계발함으로써 얻게 되는 효용에 대한 낙관적인 이야기로 우리를 부추길 것이다.

반면 소설은 더 복잡하고, 심지어 다신적인 세계관을 제공한다. 자기계발서가 아니라 소설로 삶을 해석한다면 어떤 일이 일어날까? 확실히 모르겠지만 우리가 살고 있는 세상을 좀 더 정확하게 이해할 수 있지 않을까 싶다. 소설은 사회적, 역사적 과정을(우엘벡) 다성적 관점으로 바라보며(하루키) 일상의 사소한 일도 무심히 넘기지 않을 것이다(크나우스고르).

우리는 소설에서 또 무엇을 배울 수 있을까? 소설에서 우리는 단단히 설 토대가 될 만한 외적인 의미나 삶의 관점을 찾을 수 있다. 적어도 미국의 철학자 휴버트 드레이퍼스와 숀 켈리는『모든 것은 빛난다』에서 그렇게 주장했다. 이들은 허무와 무기력의 시대에서 삶의 의미를 찾기 위해서는 서양 고전을 읽으라고 추천한다.[10]

드레이퍼스와 켈리는 데이비드 포스터 월리스와 호메로스, 단테, 허먼 멜빌 같은 작가들을 두루 다루면서, 이들의 작품이 어떻게 우리가 세상과 세상이 제공하는 것에 마음을 열도록 돕는지 살핀다. 그들에 따르면 요즘 사람들은 자기 내면을 들여다보는 데 익숙하고 내적 경험에 몰두하지만, 정작 훨씬 중요한 우리를 둘러싼 바깥세상으로부터 의미를 끌어내는 법은 모른다. 그들은 고전이 이런 단점을 고치는 데 도움이 된다고 말한다.

　그들은 다성적이며 심지어 다신적인 관점도 필요하다고 생각한다. 그리고 이런 관점을 멜빌에게서 찾는다. 멜빌의 다면적인 상징주의는 흰 고래를 다신교의 신처럼 그리기도 한다. 무슨 말인지 모르겠다면, 『모비딕』이나 『모든 것은 빛난다』를 읽으면 모두 이해될 것이다. 겉모습과 내면의 본질을 구분하는 일신적 관점(내면의 진정한 자아와 바깥의 가면을 구분하는 자아 종교의 특징이다)과 달리, 다신적 관점에서는 겉모습 뒤에 또 다른 층위의 현실이 숨어 있다고 보지 않는다. 보이는 그대로가 전부라는 소리다.

　자기계발에 매달리는 문화에서는 대단히 충격적인 관점이다. 이런 얘기를 하다 보니 오스카 와일드가 떠오른다. 그

174

는 『도리언 그레이의 초상』에서 오직 천박한 사람들만 겉모습을 근거로 판단하지 않는다고 주장했다. "세상의 진짜 미스터리는 보이지 않는 것이 아니라 보이는 것에 있다."[11]

우리 문화가 얄팍하고 오직 외면만 바라본다는 소리를 자주 듣는다. 그러나 드레이퍼스와 켈리, 와일드의 말이 옳다면 오히려 그 반대다. 우리는 외면을 충분히 보지 못하고 있다. 우리는 내면에 현실이 숨어 있다고 생각한다. 그러나 표면 아래, 내면에는 아무것도 없다. 진정성 따위는 없다.

7장

당신이 뿌리내릴 곳을 찾아라
매일 반복해도 좋은 일상을 만드는 법

가속화 문화 속에서 우리는 현재와 미래에 몰두한다. 하지만 과거는 그다지 신경 쓰지 않는다. 명상과 마음챙김 같은 뉴에이지와 심리 기법은 우리를 현재에 머물도록 만드는 방법들이다. 경영과 조직 개발 분야에서는 오토 샤머의 개념인 '현존감(presencing, 현존presence과 감지함sencing을 결합한 말로 현재로부터 근원적 내면을 거쳐 가능성의 미래 공간을 만나게 된다는 개념-옮긴이)'이 '바로 지금' 일어나는 일에 집중해야 한다고 강조한다. 그러나 지금 이 순간을 더 강렬히 인식하기 위한 목적은 따로 있다. 바로 다가오는 미래에 보다 효율적으로 대처하기 위해서다. 한마디로 '내일' 성공하기 위해 '지금' 현존해야 한다. 덴마크의 컨설팅회사 앙케르후스는 오토 샤머와 그의 U이론을 이렇게 소개한다.

  우리는 우리 시대의 근본적 문제를 과거의 해법으로 풀 수 없습니다. 단지 과거를 되풀이해서는 조직과 사회의 문제를 새롭게, 혁신적으로 해결하지 못합니다. 우리가 개인적으로나 집단적으로나 스스로 진정한 자아를 경험하고, 케케묵은 사고방식과 행동양식이 왜 우리를 구속하는지 알아내려면 새로운 것이 필요합니다. 그것이 바로 샤머가 '현존감'이라 부른 새로운 사회공학입니다.

U를 거치는 여행에서 우리는 열린 마음과 열린 가슴, 열린 의지로 미래를 대면하고, 각자가 지닌 최상의 미래 잠재력을 성취하는 법을 배우게 됩니다.[1]

U이론은 사실상 마음챙김을 조직 혁신에 적용한 개념이다. 과거를 돌아본다면 오늘날에는 효과가 없는 낡은 관습밖에 배울 수 없으므로, 우리는 지금 이 순간에 집중해야 우리의 '진정한' 자아를 경험하며 미래에 완전한 잠재력을 실현할 수 있다는 생각이다. 과거는 한물갔다. 현재가 대세다. 현재가 미래를 최적화하는 열쇠다.

이처럼 현재를 추종하는 사람들에게 조금 짓궂은 질문을 던지고 싶다면, 누가 지금 여기에 가장 현존하는지 물어보라. 물론 대답은 인간이 아닌 동물이다. 동물은 과거를 회상하거나 과거 세대가 습득한 지식을 미래 세대로 전달할 필요를 느끼지 않는다. 인간이 아닌 동물은(그리고 아직 성숙한 인간이 되지 못한 아기들도) 현재에 산다. 인간이 다른 동물과 다른 점은 현재 순간을 뛰어넘어 고유한 방식으로 과거를 사용한다는 점이다. 그런데 과거를 돌아보는 일이 왜 이토록 시대에 뒤떨어진 일로 여겨지게 되었을까? 나는 이런 현상이 가속화 문화와 관련 있다고 생각한다.

미래를 제대로 창조하는 법

가속화 문화는 본질적으로 미래를 지향하며 새로운 생각을 끊임없이 만들어내는 데 몰두한다. 요즘에는 심지어 '미래학'만 다루는 회사와 기관, 컨설턴트가 있을 정도다. 사람들은 다가올 미래를 준비하고, 미래를 만들어가기 위해 트렌드를 찾아내는 게 중요하다고 생각한다. 사실 미래학자는 미래를 연구하고 예견하기보다는 미래를 '창조'한다. 그들이 고객에게 생각과 '새로운' 개념을 팔면, 고객은 미래학자들이 곧 닥치리라 예견한 새로운 사회에 맞춰 변화한다. 그러면 미래학자들의 예견이 실현된다. 바로 고객들이 그 새로운 사회를 준비했기(그리고 돈을 지불했기) 때문이다.

여기에서도 모순을 볼 수 있다. 바로 우리가 준비한 대로 미래가 만들어지는 모순이다! 정치학자들이 세계시장에서 중국과 경쟁하기 위해 우리 경제를 개혁해야 한다고 말하면, 우리는 그들의 견해를 받아들여 경제를 개혁한다. 정치인들이 영국의 전 총리 마거릿 대처를 흉내 내서 현재 상황에서는 "다른 대안이 없다"라고 말할 때, 많은 사람이 그 의견에 설득된다면 그 말은 결국 자성적 예언이 되고 만다. 사회학 개념인 토머스 정리(Thomas theorem)에 따르면 "사람들이 어떤 상황을 현실로 정의하면, 결과적으로 그 상황이 현실이 된다." 그게 바로 미래학과 미래에 대한 우리의 집단적 집착이 작동하는 방식이다. 특정 트렌드가 실제로 일어난다고 말하면, 그 트렌드가 미래를 준비하는 데, 그리고 미래가 도래하는 데 진짜 영향을 미친다.

앞에서 언급했던 철학자 사이먼 크리츨리는 미래와 영원한 발전이라는 개념에 미친 듯 매달리는 것이 무척 해롭다고 주장한다. "미래와 발전을 숭배하는 이 이데올로기로부터 할 수 있는 한 철저히 빠져나와야 합니다. 발전이라는 생각은 탄생한 지 200년밖에 되지 않았고 진짜 나쁜 생각입니다. 빨리 빠져나올수록 더 좋습니다."[2]

이 말에 절대적으로 동의한다. 우리는 발전 대신 반복을 중요하게 여기고, 미래를 예견하는 것이 아니라 과거를 곱씹는 법을 배워야 한다. 이것이야말로 인간다움을 더 정확히 표현하는 길이자 성숙한 삶의 태도다. 물론 과거를 돌아보는 일은 쉽지 않다. 어린이와 청소년은 모두 미래를 바라보(아야 하)며, 사람의 기억도 단지 과거를 위해 과거를 회상하는 도구가 아니다. 회고적이기보다는 훨씬 미래 지향적이다. 기억은 새로운 미지의 상황에서 행동할 토대를 제공한다.[3]

그러나 과거를 올바르게 회상하는 것은 성숙한 어른의 특징이기도 하다. 우리는 삶을 어떻게 살아야 할지, 문화를 어떻게 발전시킬지 배우기 위해 과거와 경험을 끌어온다. 크리슬리의 의견에 작가 톰 매카시가 이렇게 답한 것처럼 말이다. "우리는 발전 대신 반복해야 하지요. 그러면 훨씬 더 건강한 세상이 될 겁니다. 르네상스를 생각해 보세요. 르네상스는 다시 태어남을 뜻합니다. 르네상스 시대 사람들이 한 일은 이렇게 말한 것입니다. '그리스인들을 봐. 위대하잖아.' … 셰익스피어의 연극도 마찬가지예요. 그의 연극은 새롭다고 할 수 없습니다. 그는 오비디우스의 이야기를 다시 썼고, 로마 원로원의 연설을 갖다 썼지요."새롭고 미래지향적인 것이 그 자체로 뛰어나다고 생각하기 시작한 것은 단지 과학기술이 비약적으로 발전한 지난 몇 세기 사이에 일어난 일이다. 실제로 우리 삶과 문화의 상당한 부분은 옛날이 더 나았다.

우리는 미래 비전을 그리고 계획을 세우며 워크숍을 여는 문화를 만들었다. 그러다 보니 과거의 혜안과 성취를 너무도 쉽게 잊어버렸다. 혁신이니 창조성이니 하는 개념들이 사회와 회사를 조직하고 사람들을 교육하는 온갖 종류의 담론에 떠돌아다닌다. 여기서 반복과 검증의 가치 같은 것은 잊혔다. 우리는 '틀을 벗어나라'는 소리를 끊임없이 듣는다. 창조성을 연구하는 학자 가운데 다행히도 차분함을 갖춘 사람들은 반대로 이렇게 말한다. 틀이 있다는 것을 알아야, 그 틀을 벗어나 생각하는 게 말이 된다고. 틀을 완전히 깨고 벗어나기보다, 그 틀의 가장자리에서 균형을 잡으면서 틀을 수정하고, 검증된 부분을 중심으로 재창조하는 것이 대체로 현명한 일이다.[4] 새로움은 이미 알려진 것의 지평 안에서만 의미가 있다. 과거와 전통을 하나도 모른다면, 아무리 '창조적'인 사람도 결코 새롭고 유용한 것을 만들어낼 수 없다.

나는 나 자신을 무슨 근거로 믿는가?

이런 문제를 우리 삶과 연결해서 생각하면 미래에 덜 몰두하고 과거를 더 곱씹는 법의 중요성을 깨닫게 된다. 우리가 비교적 안정적으로 정체성을 유지하고, 따라서 다른 사람과 좋은 관계를 맺으려면, 과거를 돌이켜 보는 법을 배워야 한다. 도덕적으로 문제없이 잘 살려면, 과거를 돌아보고 반성할 줄 알아야 한다. 작가 마크 트웨인은 양심에 거리낄 만한 게 없다는 건 기억력이 나쁘다는 명백한 증거라고 말했다. 과거의 실수를 인정하면(그 때문에 지나치게 고통스럽거나 괴로워하지는 말고 차분하게 그 실수를 곱씹는다면) 앞으로 적절하게 행동하는 데 도움이 된다. 역사에서 도덕적 교훈을 배우는 것도 중요하지만, 우리 삶이 과거까지 이어졌음을 이해하는 것도 중요하다. 우리 정체성의 뿌리를 찾을 수 있는 곳이 바로 과거이기 때문이다. 코맥 매카시는 자신의 소설『모두 다

예쁜 말들』에서 몸의 흉터는 우리의 과거가 진짜로 있었다는 걸 기억하게 한다고 썼다. 친구와 연인들이 서로 흉터를 살펴보고 비교하는 것은 오랜 관습이다. 흉터는 과거 사건을 증명하는 분명한 증거이며, 과거와 현재를 연결해 준다. 차라리 회사나 기관에서도 미래 비전을 만들기 위한 세미나를 여는 것보다는, 서로의 흉터를 비교하며 과거를 돌이켜 보면 어떨까?

우리가 단단히 서 있기 위해서도 과거를 돌이켜보는 일은 정말 중요하다. 과거를 아는 것은 단단히 서 있기 위한 조건이다. 과거가 없다면 단단히 딛고 설 기반이 없기 때문이다. 앞서 언급했던 찰스 테일러를 비롯한 몇몇 철학자들도 최근 이 점을 주장했다. 찰스 테일러는 돌아볼 과거가 있을 때, 우리는 현재에 집중할 수 있다고 생각했다. 우리가 누구인지 알려면 우리가 어디에서 왔는지를 알아야 한다. 심리치료에 몰두하는 자기계발 문화가 끊임없이 던지는 "당신은 누구입니까?", "무엇을 원합니까?"라는 질문을 받았을 땐, 스냅사진을 찍듯 잠깐 멈춰 서서 우리가 지금 무엇을 느끼는지 내면을 탐색하는 것보다는 더 넓은 인생의 관점에서 우리 삶과 행동을 조리 있게 이야기하는 것이 더 낫다.

철학자 폴 리쾨르는『타자로서 자기 자신』에서 자기 삶을 하나의 전체로서 이해할 때, 즉 시간을 통과하며 나아가는 하나의 연속체로, 이야기로, 통일된 서사로 이해할 때, 비로소 우리는 엄밀한 의미에서 도덕적일 수 있다고 주장한다. 그는 이렇게 묻는다. "이 삶이라는 것이 어떤 식으로든 하나로 모이지 않는다면, 행동의 주체가 어떻게 전체로서의 자기 삶에 윤리적 특성을 부여할 수 있을까? 바로 서사의 형태가 아니라면 어떻게 이런 일이 일어날 수 있을까?"5

왜 '통일체로서의 삶'이 도덕성이나 윤리의 전제조건일까? 리쾨르에 따르면, 만약 다른 사람들이 내일의 내가 오늘과 어제의 나와 같으리라고 믿지 못한다면 그들이 나를 신뢰할 이유가 사라진다고 말한다. 내가 약속을 지키고 의무를 다하리라고 기대할 근거가 없기 때문이다. 그리고 내가 내 과거를 모른다면, 내가 과거와 오늘과 내일을 연결하려고 최선을 다하지 않는다면, 다른 사람이 나를 믿어줄 이유가 없다. 리쾨르가 말하는 '자기 동일성'이 내게 없다면, 어느 누구도 나를 믿을 수 없다. 심지어 나 자신마저도.

개인의 통일성과 정체성은 사람 사이의 믿음이 자라는 기본적인 전제조건이며 따라서 윤리적 삶의 전제조건이다. 시간이 흘러도 우리는 여전히 우리이므로, 즉 우리에게 다소 일관된 정체성이 있으므로 타인과 약속을 하고 책임을 질 수 있다. 삶을 출생부터 죽음까지 이어지는 하나의 서사로 볼 수 있을 때만 윤리적 삶을 살 수 있다. 그러므로 미래를 묻는 자기계발보다는 과거를 묻는 자기 동일성을 얻기 위해 애써야 한다. 어느 날 문득 '자신을 발견'했다면서 새로운 환경이나 세상 저편에서 '진정한 자아'를 실현하기 위해 가족과 친구와의 연을 끊은 사람들이 있다. 물론 학대적인 관계를 박차고 나올 때처럼, 삶의 경로를 갑자기 바꾸는 게 정당할 때도 있다. 그러나 그 동기가 오직 '자아실현'일 뿐이라면, 이는 도덕적으로 의심스러운 행동이라 할 만하다. 자아는 우리 내면에서 실현되어야 할 것이 아니라, 다른 사람과의 지속적인 관계와 도덕적으로 중요한 문제들에서 찾아야 하는 것이기 때문이다. 그렇기에 우리는 다른 사람과 윤리적으로 상호작용할 때 진정한 자아실현에 이를 수 있다.

앞에서 "양심에 거리낄 만한 게 없다는 건 기억력이 나쁘다는 명백한 증거"라고 마크 트웨인이 말한 것처럼, 자기 동일성을 지닌 개인만이 죄책감을 느끼며 도덕적 존재가 될 수 있다고도 주장할 수 있다. 죄책감과 약속은 본질적으로

서로 연결돼 있다. 둘 다 근본적으로 인간적인 현상이다. 우리에게 약속할 능력이 없다면? 결혼과 우정을 비롯해 믿음에 기반을 둔 장기간의 관계들은 있을 수 없다. 또는 취업이든 카드 결제든 사회경제적으로도 어떠한 합의와 계약도 할 수 없을 것이다. 일상적인 삶이 제대로 이루어지지 않을 것이다.

인간은 약속하는 존재다

우리의 일상은 크든 작든 명시적이든 암묵적이든 끊임없는 약속의 연속이다. 약속을 하고 지키는 기본적인 능력이 없다면 어떤 공동체나 사회도 지속 가능하지 않다. 약속하는 것은 내가 말한 것이 반드시 이루어지도록 책임진다는 것이다. 만약 이루어지지 않는다면? 죄책감이 남아 약속을 지키지 못한 사실을 우리에게 상기시킨다. 죄책감과 책망은 지켜지지 않은 약속에 대한 당연한 심리적 반응이다. 과거의 잘못을 기억해야만 죄책감도 느낄 수 있고 책망도 할 수 있다. 과거를 모른다면 우리는 죄책감을 느낄 수 없고 도덕적으로 행동할 수 없다.

우리는 지금 굉장히 근본적인 이야기를 하고 있으므로 어쩌면 이해하기 어려울지도 모르겠다. 우리는 내면의 자아나 일련의 틀에 박힌 성격 특성들로 '우리가 누구인지'가 본질적으로 결정된다는 생각에 익숙하다. 그러나 나는 우리의 존재를 결정하는 것은 내면의 본질 따위가 아니라 우리가 스스로에게, 그리고 다른 사람에게 지켜야 할 약속과 의무라고 생각한다. 우리의 의무는 그냥 귀찮지만 해야 할 일이 아니다. 삶에서 무엇이 중요한지, 그리고 우리가 근본적으로 누구인지를 올바르게 표현하는 일이다. 따라서 과거를 성찰하는 일은 꼭 필요하다.

그러나 과거 성찰은 불확실한 일일 수밖에 없다. 개인적이든 문화적이든 이미 만들어진 이야기를 한꺼번에 회상하기만 하면 되는 일이 아니다. 우리는 여러 사건과 관계에 복잡하게 얽혀 있다 보니, 그 모든 정황을 또렷이 이해하지 못하기도 한다. 그럼에도 단순히 '지금 이 순간에 현존하는' 것에만 만족하지 않고 과거와 현재, 특히 도덕적 근거로 미래를 연결하는 일은 매우 중요하다. 그런 의미에서 전기나 자서전은 한 사람의 인생을 너무나 불완전하게 담아낸다. 앞에서 살펴본 것처럼, 삶을 너무 단선적이고 자의적으로 그려내서 복잡한 현실의 삶을 제대로 담지 못한다. 그러나 과거를 돌이켜 보면 삶이 얼마나 복잡한지, 어떻게 온갖 사회적, 역사적 과정과 우리의 삶이 복잡하게 연결돼 있는지를 깊이 이해할 수 있다.

지나간 시간을 산책하는
세네카의 지혜

스토아 철학자 세네카는 이렇게 말했다. "바쁜 사람들은 현재 순간에만 관심이 있다. 그런데 현재 순간은 너무 짧기 때문에 잡을 수 없으며, 심지어 그 짧은 순간마저도 슬쩍 달아나버린다. 결국 그들은 여느 때처럼 많은 일들을 처리하는 데 정신을 판다." 지나치게 바쁜 사람은 과거를 응시하지 않는다. 동시에 이 일 저 일을 하고 싶은 사람은 결국 어떤 순간에도 단단히 서 있지 못한다. 세네카는 또한 이렇게 말한다. "침착하고 잔잔한 마음은 삶의 구석구석을 산책할 힘이 있다. 그러나 너무 바쁜 마음은 무거운 멍에를 지기라도 한 듯 몸을 돌려 뒤돌아보지 못한다. 결국 그들의 삶은 어두운 나락으로 사라져 버린다." 그에 따르면 과거를 돌아보는 일에는 좋은 점이 있다. "우리가 부르면 지나간 모든 날들이 나타난다. 우리 뜻대로 과거를 응시하고 간직할 수 있다. 그러나 너무 바쁜 사람들은 이런 일을 할 시간이 없다."7

과거를 돌아보는 일의 가치를 확실히 알았다면, 이제 할 수 있는 일이 두 가지 있다. 하나는 과거에 기반을 둔 공동체를 찾는 것이다. 한 개인이 시대정신을 거스를 만한 일을 하기는 어려우니, 생각이 비슷한 사람들을 찾으면 도움이 된다. 혹시 그런 사람들을 찾을 수 없다면, 혼자서라도 그 일을 해야 할 것이다. 그 방법은 곧 자세히 설명하겠다.

개인이 자신의 과거를 알고 거기에 풍요로운 관계와 의무가 얽혀 있다는 것을 알 때, 비로소 우리는 우리 자신을 깊이 이해할 수 있다. 공동체도 그 구성원들이 아는 과거에 의해 형성된다. 그렇다고 공동체의 모든 구성원들이 자신들을 규정하는 특성이 무엇인지, 혹은 그들의 역사가 무엇인지에 완전히 동의해야 한다는 말은 아니다. 아마 그런 일은 거의 드물 것이다. 하지만 구성원들 사이에 일종의 합의는 있어야 한다.

철학자 앨러스데어 매킨타이어는 전통은 과거의 단순한 반복과 합의와는 거리가 멀다고 생각했다. 그래서 '살아 있는 전통'이라는 개념을 내놓았다. 그는 살아 있는 전통을 "역사적으로 오랜 기간에 걸쳐 사회적으로 구현된 논쟁이며, 부분적으로는 전통을 구성하는 것들이 정확히 무엇이냐에 대한 논쟁"이라고 정의한다.6 전통을 '합의'가 아니라, 반대로 오랜 시간에 걸친 '논쟁'으로 정의하는 것이 조금 이상해 보일 수 있다. 하지만 이 개념은 정치체제, 사회문화, 예술 활동 등 그 어떤 전통도 의미가 완전히 고정된 것이 아니라, 정체성에 관한 토론을 지속적으로 필요로 한다는 것을 의미한다. 모든 전통은 단일하거나 불변한 것이 아니다. 전통은 살아 있고 역동적이며 끊임없이 움직인다.

가족생활로, 교육으로, 일로, 예술로, 스포츠로, 다양한 형태로 이런 전통에 참가할 때 우리는 비로소 '사람'이 된다. 한 사회의 구성원이 된다. 우리가 생겨나고 살아가는 전통을 알 때만 자신을 이해할 수 있다. 꽤 흔한 이야기이지만, 우리는 미래에 열광하느라 종종 이런 사실을 잊곤 한다. 전통이 없다면, 그리고 전통의 역사가 없다면 아무것도 의미가 없다. 모든 행동과 문화적 산물의 의미나 의의는 오랜 시간에 걸쳐 형성된 관습에 빚진다. 그러므로 문화적, 역사적 존재나 통일체로서 우리 자신을 이해하기 위해서는 과거를 곱씹어야 한다. 그럴 때 비로소 단단히 딛고 설 만한 토대를 찾게 될 것이다.

개인의 과거뿐 아니라 우리가 속한 문화의 과거를 돌아보는 것은 그래서 중요하다. 그리고 살아 있는 전통을 실천한다면 훨씬 더 좋을 것이다. 예를 들어 수공예를 배우거나 악기를 연주하는 사람은 오랜 역사에 걸친 특정 관습이 있었기에 그 활동이 가능하다는 것을 안다. 수공예나 연주를 재창조할 때마다, 우리는 그 관습을 유지하고 발전시키는 셈이다. 살아 있는 전통을 실천하는 것은 우리 삶의 역사적 깊이를 되새기는 일이다. 이런 식으로 우리는 모든 것이 항상, 반드시 발전하지는 않는다는 것을 배우게 된다. 이를테면 300년도 더 전에 스트라디바리우스의 공방에서 제작된 바이올린만큼 좋은 바이올린을 요즘에는 만들지 못한다.

　우리는 미래에 집중하지만 그것은 우리의 생애주기에 제한된 근시안적 미래일 뿐일 때가 많다. 혹시라도 운이 좋아서 스트라디바리우스 바이올린을 잡을 기회가 있다면, 그 악기를 제작한 거장과 지난 수백 년간 그 악기를 연주했던 수많은 재능 있는 음악가들에 대해 생각해 보라. 내가 지금 상투적인 보수주의에 호소하는 게 아니냐고 지적할 독자도 있을 것이다. 맞다. 하지만 그렇게 훌륭한 솜씨와 요즘 대량 생산된 잡동사니들을 비교하다 보면 그러지 않기가 힘들다.

예술이나 음악 같은 살아 있는 전통에 열정을 지닌 공동체를 만날 만큼 운이 좋지 않다면, 그래도 여전히 당신이 할 수 있는 일이 있다. 앞서 6장의 서두에서 썼듯 같은 일을 되풀이하는 연습을 하는 것이다. 변화와 성장을 강조하는 자기계발 멘토가 아니라, 정반대로 완전히 뿌리를 내린 사람을 찾아라. 그와 함께 그대로 머무를 권리를 주장하라. 이런 일은 퍽 재미있을 수 있다. 열광적으로 미래만 바라보는 지인과 대화를 나누게 된다면? 옛날에 모든 것이 더 나았다고 주장해 보라. 물론, 전적으로 옳은 말은 아니지만 미래가 무조건 좋다는 교리를 수정하는 데 도움이 될지 모른다. 그러니까 새것이니 무조건 좋다거나, 과거를 곱씹을 필요 없이 필요한 순간에 무엇이든 '다운로드'만 하면 된다는 믿음을 바로잡는 데 유용할 것이다.

반복과 전통에는 위대한 가치가 있다. 때론 혁신이 심각한 문제를 일으킨다. 그러나 논점을 흐릴 위험을 무릅쓰고 덧붙이건대, 조금만 더 깊이 생각해 보면 모든 반복은 혁신적이라는 걸 알 수 있다. 철학자 아리스토텔레스는『시학』에서 모방의 중요성을 강조했다. 이를테면, "모방은 창조의 어머니"인 셈이다. 나도 강의를 할 때 같은 일을 자주 되풀이

한다. 하지만 모든 강의는 비슷해 보여도 제각각 고유한 분위기를 지닌 고유한 사건이다. 아이 둘을 둔 부모라면 세 번째 아이가 태어났을 때 "아, 어쩔 수 없지. 또 하나가 더 생겼네"라고 말하지 않을 것이다. 어떤 의미에서는 같은 일을 반복하는 셈이지만, 모든 반복은 저마다 고유하고 모든 아이는 제각각 많은 관심과 돌봄을 필요로 한다. 반복할 때마다 특별하고, 개별적인 필요에 적절하게 반응해야 한다. 육아는 살아 있는 전통이다. 좋은 부모는 단단하게 '뿌리내리는' 삶이 어떤 삶인지 보여주는 역할 모델이 될 수 있다. 부모와 아이의 관계보다 더 중요한 것을 상상하기는 힘들다. 그리고 다른 관계에서도, 다른 사람을 책임지는 일에 관한 한 안정성은 유동성보다 훨씬 중요하다.

조금 삐딱한 시선으로,
함께 행복을 찾는 법

이 책에서 다룬 모든 지혜를 습득했다면, 우리 사회에 만연한 미친 흐름에 저항할 준비가 되었을 것이다. 나는 이 책을 읽은 독자들이 갈수록 페달을 세차게 밟아대는 가속화 문화를 좀 더 비판적으로 바라보며 거리를 둘 수 있다면 좋겠다.

가속화 문화는 개별적이며, 다른 사람에 대한 의무와 약속을 경시한다. 달리 말해, 안정성보다 유동성을 우선시하는 사람을 이상적으로 여긴다. 성공과 실패의 책임이 점점 더 개인에게 무겁게 지워지고 있다. 강한 개인이 훌륭한 사람으로 여겨진다. 자기 자신을 아는 사람, 자존감만을 중요하게 여기는 사람, 내면의 목소리에 귀 기울이고 공적으로나 사적으로나 개인의 목적만을 이루기 위해 애쓰는 사람이 되라고 한다. 우리는 혼자서 삶의 방향을 찾아야 한다. 모든 해답이 내 안에 있기 때문이다. 바로 이런 이유로 내면탐색과 자아실현을 돕도록 고안된 심리치료와 멘토링, 코칭, 상담 시장이 번창한다.

바라건대 이 책이 이런 흐름의 문제점을 명확하게 이해하고, 불쾌함을 표현할 언어를 익히는 데 도움이 되길 바란다. 또한 끝없이 자기계발을 좇으며 불안에 시달리는 대신, 안정적으로 단단히 서서 삶에 뿌리내릴 수 있을 장소들을 찾길 바란다. 당신은 이 책에서 자기 탐색에 시간을 덜 쏟고, 삶의 부정적인 면을 바라보며, '아니요'라고 대답하고, 감정을 자제하며, 자기계발 멘토와 헤어지고, 자기계발서 대신 소설을 읽으며, 미래보다 과거를 곱씹는 행위들의 가치를 배웠을 것이다. 나는 분명 강요된 자기계발에 맞서려다 보니 상당히 부정적인 그림을 그렸을 것이다. 실제로 내가 제시한 대안도 쉽게 왜곡될 위험이 있다. 그럼에도 나는 이렇게 어깃장을 놓음으로써, 우리 사회의 가속화 문화가 얼마나 어리석은지 보여주고 싶었다. 끊임없이 움직여야 하고 항상 긍정하며 미래에 집중한 채 '나'를 모든 것의 중심에 놓는 삶은 너무나도 어리석다. 게다가 인간관계에도 부정적인 영향을 미친다. 타인이 그 자체로 가치 있으며, 우리가 도덕적으로 의무를 다해야 하는 존재가 아니라, 개인의 성공을 위해 이용되는 도구로 전락하기 때문이다.

물론 항상 부정적으로 세상을 보며, 한결같이 '아니요'라고 답하고, 항상 감정을 억누르며 사는 것도 어리석다. 사실 내 관점은 꽤 실용주의적이다. 항상 100퍼센트 좋은 것은 없다. '의무 다하기'[1] 같은 보편적이고 자명하며 퍽 추상적인 생각을 제외하면, 절대 진리 같은 것은 아마 없을 것이다. 사상은 삶의 문제를 풀기 위해 개발된 도구다. 이것이 바로 실용주의의 핵심이다. 문제가 달라지면 문제를 풀기 위해 사용되는 지적 도구도 달라져야 한다.[2]

이 책은 지난 50년 동안 우리 삶과 관련된 문제들이 '달라졌다'는 인식에서 출발한다. 예전에는 지나치게 경직된 삶이 근본적인 문제였다. 곧, 안정성이 유동성보다 찬양되었다. 그런데 이제는 융통성이 지나치다. 앞선 4장에서 우리는 과거의 '금기 문화'와 변화와 성장, 유연성을 요구하는 오늘날의 '명령 문화'의 차이를 살펴봤다. 예전에는 너무 많이 '원하는' 것이 문제였다. 그러나 요즘에는 다른 것이 문제다. 더 많이, 더 많이, 더 많이 하라고 끊임없이 우리에게 요구하는 사회에서 우리가 결코 충분히 '하지' 못한다는 것이 문제다.

경제학자와 환경주의자들은 성장의 한계가 있는지 자주 토론한다. 사람과 심리 문제도 마찬가지다. 사람에게 좋은 성장과 계발에도 한계가 있을까? 물론 내 대답은 '그렇다' 이다. 고삐 풀린 성장 철학이 도처에 퍼진 시대이다 보니, 나는 균형을 맞추기 위해서라도 부정적 태도를 제시할 수밖에 없었다. 무엇보다 현대 사회에서는 의심이 정당하며 꼭 필요한 미덕이라는 사실을 강조하고 싶었다. '내'가 정말 내 삶의 중심이 될 수 있고 되어야 하는지에 대한 의심, 자기계발이 그 자체로 좋은 것인지에 대한 의심, 오늘날 도처에 퍼진 성장 이데올로기가 사람들에게 정말 좋은 것인지에 대한 의심을 삐딱한 시선으로 바라보면서.

물론 의심이 진짜 미덕이라는 사실을 받아들인다면, 이 책에서 제시한 조언들도 의심해 보아야 할 것이다. 이 책을 쓰는 동안 품었던 주요 의심은 내가 제시하는 비판적 대안들조차 사실은 내가 비판하는 흐름을 암묵적으로 받아들이는 게 아닌가 하는 점이었다. 사람들에게 이 책이 제시하는 7가지 지혜를 따르라고 설득함으로써, 안 그래도 무거운 어깨에 부담을 하나 더하는 게 아닐까 하는 걱정도 들었다.

근거 없는 걱정은 아니지만, 이 책이 자아 찾기와 자기계발 열풍의 논리를 뒤집음으로써 그 논리가 얼마나 어처구니없는지를 뚜렷이 보여줄 수 있기를 바란다. 긍정적 사고나 부정적 사고, 어느 한쪽만으로는 우리가 직면한 개인적, 사회적 문제들을 완벽하게 풀지 못하리라는 사실은 분명하다. 그럼에도 스토아 철학의 성찰이 폭주하는 소비주의와 강요된 개발의 시대에 우리의 정신을 확 깨우는 상쾌한 회복제가 되리라 믿는다.

그러나 치료에 빗대어 말하면, 이는 겉으로 드러난 증상을 다루는 일에 불과하다. 전 지구적 환경 문제와 경제 위기 등 오늘의 주요 질병과 그와 관련된 성장 패러다임을 치유하려면, 혼자 힘으로는 불가능하다. 사실 우리 삶의 모든 영역이 그렇다. 지금까지 살펴본 것처럼, 나라는 존재는 나의 내면이나 현재에만 뿌리내린 게 아니다. 타인과 사회와 내가 태어나기 전부터 인류가 켜켜이 쌓아올린 방대한 과거에 뿌리내리고 있다. 그런 '나'들로 이루어진 사회는 더욱 복잡하다. 그렇기에 전 지구적인 문제를 풀기 위해서는 정치인이나 기업가, 환경운동가 한두 사람이 아니라 보다 많은 사람이 참여하는 정치적, 경제적, 일상적 차원에서의 논의와 실천이 필요하다. 이 책이 그런 더 큰 논의의 토대가 되는 매우 작은 부분으로서 독자들에게 도움이 되길 바란다.

불행을 이기는
스토아 철학

이 책은 스토아 철학을 자주 언급한다. 주로 마르쿠스 아우렐리우스와 에픽테토스, 세네카의 책이나 편지, 일화 등을 인용했다. 이 철학자들을 무척 존경하긴 하지만, 사실 스토아 철학을 대하는 내 관점은 지극히 실용주의적이다. 달리 말해, 나는 스토아 철학이 어느 시대나 어느 곳에서도 합당한 절대적 '진리'냐는 질문은 의미가 없다고 생각한다. 그보다는 우리가 살아가는 현실의 문제들을 고민할 때 '유용'한지를 생각해야 한다.

나는 스토아 철학이 '안티-자기계발 철학'으로서 유용하다고 생각한다. 스토아 철학이 자기통제, 의무, 고결함, 존엄, 평정심, '나'를 발견하는 삶이 아니라 '나'와 화해하는 삶을 강조하는 특성이 있기 때문이다. 또한 몇몇 스토아 철학자들이 앞서도 언급했던 부정적 시각화(내가 가진 것을 잃는다고 상상해 보기)와 투사적 시각화(나에게 일어난 일이 다른 사람에게 일어났다고 상상하면서 상황을 침착하게 바라보기) 같은 기법을 통해 철학을 일상에 적용하려 했기 때문이다. 스토아 철학자들은 이성을 무척 중요하게 여겼고 삶에서 피할 수 없는 일들, 특히 삶은 유한하며 우리는 모두 죽게 되리라는 사실에 정면으로 당당하게 맞설 때, 삶의 깊은 즐거움을 얻을 수 있다고 믿었다.

원래 인간은 허약하다. 강하고 자립적인 개인들이 아니다. 힘없는 아이로 태어나 곧잘 아프기도 하고, 나이 들고, 다시 힘없는 존재가 되며 결국 모두 죽는다. 그것이 삶의 근원적 현실이다. 그러나 많은 서양 철학은 이러한 허약함을 모두 잊고, 강하고 자율적인 개인을 전제한다.[1] 스토아 철학은 '메멘토 모리'라는 개념에 우리의 사회성과 의무를 연결했다. 우리는 허약하고 유한한 존재이지만, '함께' 허약하고 유한하다. 이런 점을 깨닫고 나면 서로에게 연대의식이 생기고, 우리처럼 허약하고 유한한 존재인 타인을 사랑하게 된다.

나는 독자가 이러한 인간의 본성을 깨닫길 바라는 마음에서 이 책을 썼다. 진정한 자아를 찾거나 사회적 성공을 이루는 것이 삶의 전부가 아니다. 삶에서 중요한 것은 우리의 의무를 다하는 것이다. 스토아 철학은 내가 아는 다른 어느 철학보다 실천을 무척 중요하게 여긴다는 점에서 유용하다. 이 책을 읽는 동안 독자들이 스토아 철학에 흥미가 생기고 더 알고 싶어졌길 바란다. 그러니 중요한 스토아 철학자와 그들의 사상을 간략히 소개하면서 이 책을 마치겠다.

불행에서 탄생한 철학

그리스의 스토아 철학보다는 로마의 스토아 철학이 더 잘 알려져 있다. 이 책에서도 로마의 스토아 철학을 참고했지만, 원래 스토아 철학은 고대 그리스에서 서로 경쟁하던 많은 철학 학파들 가운데 하나였다. 스토아 철학자들은 플라톤과 아리스토텔레스가 만들어낸 기본적인 철학 체계를 다양한 방식으로 탐구하여, 철학의 두 창시자가 주창했던 많은 생각을 정교하게 발전시키고 실용적인 인생철학으로 변화시켰다.

첫 번째 스토아 철학자는 키프로스 섬 키티온의 제논(기원전 333~261)이다. 제논은 부유한 거상 출신으로 키프로스 섬에서 배를 타고 출항했다가 난파를 당해 파산하고 만다. 그는 고향으로 돌아가는 대신, 아테네에 머물다가 우연히 테베의 크라테스를 만났다. 그리고 그 만남이 그의 인생을 완전히 뒤바꾼다.

크라테스는 키니코스학파(세속의 부와 권력을 거부하고 금욕적이고 자족적인 삶을 추구했던 학파로, 견유학파로도 불린다. 디오게네스가 대표적이다. 그리스어로 '개'라는 단어 '키노스'에서 유래한 명칭으로 냉소주의cynicism의 어원이기도 하다-옮긴이)에 속한다. 당시의 냉소주의는 오늘날과는 완전히 의미가 달랐다. 그리스의 냉소주의 철학자들은 물질적 세상으로부터 벗어나려 했다. 그들은 자발적으로 가난하고 금욕적인 삶을 살며 세상을 떠돌았다. 가장 유명한 사람은 시노페의 디오게네스다. 무슨 소원이든 이뤄주겠다는 알렉산더 대왕의 말에, 햇볕 가리지 말고 좀 비켜달라고 말했다는 그 사람이다. 잘 알려진 대로, 하루의 대부분을 나무통에서 지내며 평범한 관습과 야망을 완전히 잊고 살았다.[2]

제논은 크라테스의 제자였지만 키니코스학파의 극단적인 금욕주의보다는 이론적 사상에 갈수록 흥미를 느꼈다. 그는 실용적인 동시에 이론적인 독특한 형태의 스토아 철학을 만들었다. '스토아학파'는 주랑(여러 개의 기둥만 나란히 서 있고 벽이 없는 복도를 가리키는 말-옮긴이)을 뜻하는 그리스어 '스토이코스(stoikos)'에서 나온 말이다. 제논과 그의 제자들은 '채색 주랑'을 뜻하는 '스토아 포이킬레(Stoa poikile)'에서 만나고 사색하고 토론했다.

스토아 철학은 키니코스학파의 금욕주의에서 나왔지만 이를 변화시켰다. 제논과 스토아 철학자들은 삶의 좋은 것들을 포기하지 않았다. 그들은 단지 어느 날 삶의 좋은 것들을 잃을 준비를 해야 한다고 말했을 뿐이다. 좋은 음식을 먹고 편안한 집에서 사는 것은 그 자체로 나쁘지 않지만, 좋은 음식과 편안한 집이 없어도 살 수 있어야 한다는 생각이다.

또한 제논은 윤리를 비롯해 실용적인 인생철학을 논리학과 자연과학 같은 더 이론적이고 과학적인 학문과 연결했다. '이성적 존재로서의 인간'에 관심을 둔 것이다. 그는 사람이 본능과 충동을 갖고 있지만, 동시에 이성적으로 행동할 수 있는 존재라고 생각했다. 달리 말해 충동을 억누르고 본능을 다스리는 것이 현명한 일일 때마다 그렇게 할 수 있는 존재다.

무엇이 좋은 삶인가

좋은 삶은 제논과 이후 스토아 철학자들의 궁극적 목적이었다. 그러나 그 시절의 '좋은 삶'은 요즘과는 무척 의미가 달랐다. 요즘에는 좋은 삶이라고 하면, 으레 쾌락을 누리고 욕망을 표출하며 되도록 다양한 경험을 누리는 삶으로 이해한다. 하지만 그리스의 스토아 철학자들에게 좋은 삶(그리스어로는 '에우다이모니아')이란 덕 있는 탁월한 삶, 윤리적인 삶을 사는 것이었다. 그런 삶을 살 때, 사람들은 진정한 의미에서 잘 살 수 있고 인간다운 삶을 살게 된다고 여겼다.

스토아 철학자들에게 '덕(arete)'이란 자기 본성과 조화를 이루며 살도록 해주는 특성들로 구성된다. 이런 의미에서 덕은 모든 생물, 사실상 기능이 있는 모든 것에 적용된다. 칼의 덕은 자르는 것이다. 잘 자르는 칼은 좋은 칼이다. 심장의 덕은 몸 곳곳에 피를 펌프질하는 것이다. 펌프질을 잘하는 심장은 좋은 심장이다. 마찬가지로 우리가 우리 본성대로 행동한다면 우리는 좋은 사람이다. 그런데 우리 본성이 뭘까?

스토아 철학자들은 플라톤과 아리스토텔레스의 의견에

따라, 사람의 기능은 이성을 이용하는 것이라고 결론을 내린다. 스토아 철학은 이성이 인간을 다른 생물과 구분 짓는 고유한 특성이라는 믿음에 기반을 둔다. 우리는 논리적으로 생각하고 말하고 추론하고 사회적 거래를 위한 원칙들을 만들 수 있다. 그래서 우리는 생물학적 충동과 거리를 두고 어느 정도는 그 충동을 억누를 수 있다. 인간을 제외한 다른 어떤 동물도 스스로 그렇게 할 수 없다(물론 모든 사람도 똑같이 이 일을 해내지는 못한다). 인간은 덕을 실천함으로써 자신의 충동을 다스리고, 심지어 현자가 되어 다른 사람들에게 모범이 될 수도 있다.

스토아 철학자들은 이성을 사용하는 능력 덕분에 우리가 우리의 의무를 다할 수 있다고 보았다. 주어진 상황에서 도덕적으로 올바른 행동이 무엇인지 더 정확히 판단할 수 있기 때문이다. 그 덕택에 우리는 이기적인 감정이나 본능에 눈멀지 않을 수 있다. 따라서 이성은 이론적인 동시에 실용적이다. 이를테면 논리학이나 우주론 같은 학문에도 사용되지만, 개인과 집단이 좋은 삶을 실천하는 일에도 쓰인다. 사람은 아리스토텔레스가 말한 것처럼 '이성적 동물'이다. 동시에 사회와 제도, 법률과 같은 우리가 더불어 살아가는 데 필요한 이성적 질서도 만들어낼 수 있는 '사회적 존재'다.

제논이 죽자 아소스의 클레안테스(기원전 331~232)가 스토아학파를 이끌었다. 그 뒤에는 더 잘 알려진, 솔로이의 크리시포스(기원전 282~206)가 학파를 이끌며 스토아 철학을 대중적인 인생철학으로 만들기 위해 노력했다.

크리시포스가 죽은 뒤, 스토아 철학은 로마까지 파급되었다(기원전 140년 무렵). 로도스의 파나이티오스(기원전 185~110)가 로마에 스토아학파를 '수출'했고, 한니발을 무찌른 소(小) 스키피오 아프리카누스 같은 유명한 로마인들과 친분을 쌓았다. 스토아 철학은 로마 상류층의 호감을 얻었다는 점에서 독특하다. 그리고 마침내 가장 유명한 스토아 철학자이자, 위대한 철인 황제로 손꼽히는 마르쿠스 아우렐리우스를 배출해 냈다.

스토아 철학이 로마로 건너올 무렵, 그리스의 스토아 철학자들은 덕의 중요성을 강조하고 마음의 평화에는 관심이 적었다. 로마 스토아 철학자들 또한 덕에 몰두했고 사람들에게 의무를 다하라고 요구했지만, 동시에 그러기 위해서는 자기 마음의 평화도 필요하다고 생각했다. 마음의 평화 없이는 의무를 다할 수 없다. 따라서 마음의 평화는 덕을 이루는 디딤돌이 된다.

세상과 연결되는 올바른 방법

스토아 철학이 로마로 전파되면서 일어난 또 다른 변화는 논리학과 자연과학에 대한 관심이 줄었다는 것이다. 그리스의 스토아 철학자들에게 세상은 질서정연한 단일체, 곧 코스모스(cosmos)였다. 철학적 관점에서 그들은 일원론자들이었다. 그러니까 세상 모든 것이 근본적으로 똑같은 물질로 이루어졌다고 믿었다. 이런 믿음은 그들의 심리학, 곧 영혼의 본질에 대한 생각에도 적용된다. 이런 점에서 스토아 철학은 세상에는 본질적으로 다른 물질들이 있다는 생각(예를들어 몸과 영혼이라는 이분법)을 폐기한 현대 과학과 비슷하다.

물론 스토아 철학과 현대 과학은 서로 어긋나는 점도 있다. 특히 사람에게는 본성에서 비롯된 목적이 있다는 스토아 철학의 입장은 현대 과학과는 다르다. 현대 과학은 목적과 의미, 가치라는 개념들을 사실상 거부한다. 그리고 자연을 그저 자연법칙 같은 확실한 인과법칙에 따라 기능하는 기계와 같은 체계로 본다. 갈릴레오가 남긴 유명한 말에 따르면 "자연이라는 책은 수학의 언어로 쓰였다."

자연에 목적과 의미, 가치라는 게 '있다면' 그건 그저 자연에 대한 심리적 투사의 결과일 뿐이다. 사회학자 막스 베버의 유명한 구절을 인용하면, 이런 자연과학의 발전은 '세상을 탈마법화'시킨 한편, 인간의 정신은 '재마법화'시켰다. 바로 이런 상황에서 우리는 윤리나 가치 같은 삶의 중요한 측면을 되찾아야 한다. 물론 그러기 위해 치러야 할 대가도 있다. 윤리와 가치를 찾는 일이 주관적이며 심리적인 면에 치우치다 보니 내면의 중요성을 지나치게 강조하게 된 것이다. 그 결과 일어난 것이 '자아종교'라 부른 현상이다. 그저 기계적인 시스템일 뿐인 '외부 세계'는 삶의 중요한 질문에 답해줄 수 없으므로, 이제 우리는 '내면세계'를 신성화하게 되었다.[3]

스토아 철학은 우리에게 수수께끼 같은 내면세계만이 아니라 세상을 올바르게 '재마법화'할 기회를 준다. 이 철학과 함께라면, 우리는 우리 안에서 미친 듯이 답을 찾아야 할 필요가 없다. 물론 그렇다고 2,500년 전 고대의 우주론을 재탕할 수는 없다. 다만 '외부' 세계가 우리에게 어떤 길을 가리키는지 우리 스스로 이해해야 한다. 우리가 속한 전통과 사회적 관습, 그리고 관계들에서 생겨나는 의무를 들여다볼 때 삶의 의미와 가치를 찾을 수 있다는 것이 이 책의 요지다.

그러나 그러기 위해서 내면과 자기 탐색에 절박하게 매달리는 대신, 삶에 이미 존재하는 관계들과 더 적절하고 의미 있게 연결되는 법을 배워야 한다. 이런 성찰 속에서 우리의 의무를 다하고, 평화로운 마음으로 덕 있는 삶을 살 때, 비로소 모든 것이 이치에 맞게 이루어진다는 안정감을 느낄 수 있을 것이다.

이제 스토아 철학 이야기로 다시 돌아가서 스토아 철학이 로마에 도착했을 때 무슨 일이 일어났는지 살펴보자.

로마의 철학자들이 권하는 인생을 최대한 즐기는 법

많은 철학자와 역사가들은 세네카와 에픽테토스, 마르쿠스 아우렐리우스를 로마의 핵심적인 스토아 철학자로 여긴다. 세네카는 그들 가운데 가장 뛰어난 작가일 것이다. 그는 기원전 4세기에 에스파냐의 코르도바에서 태어나 로마에서 대단히 성공한 사업가가 되었고 원로원 의원으로도 활약했다. 아마 그토록 부유했기 때문에 나중에 네로 황제의 고문관으로 임명될 수 있었을 것이다.

기원전 41년, 정치적 음모에 휘말린 그는 클라우디우스 황제의 조카딸과 간통했다는 거짓 혐의로 재산을 몰수당하고 코르시카로 추방되었다. 코르시카에서 세네카는 철학에 몰두하며 스토아 사상을 발전시켰다. 그는 8년 뒤 사면되어 로마로 돌아왔고 네로의 스승이자 후원자가 되었다. 그러나 폭군 제자를 길러낸 대가는 컸다. 서기 65년, 스승이 음모를 꾸민다고 생각한 네로의 명령으로 결국 세네카는 자살했다. 소크라테스의 죽음을 제외하면, 세네카의 죽음은 아마 철학사에서 가장 기이한 죽음일 것이다. 처음에 그는 손목을 그었고 그다음에는 독약을 마셨지만 죽지 않았다고 한다. 결국 친구들이 그를 증기실로 옮기자 질식해서 마침내 유한한 삶의 허물을 벗고 떠났다.

세네카의 글은 유난히 실용적이며 간단명료하다. 주로 친구와 지인들에게 보낸 편지로 구성돼 있으며 삶을 어떻게 살아야 하는지 조언하고 가르친다. 그리고 항상 인생의 덧없음을 성찰한다. 누군가 세네카에게 이 짧은 인생을 최대한 즐기는 법이 무엇이냐고 묻는다면, 그는 아마 이렇게 답할 것이다. 할 수 있는 한 많이 경험하려 들지 말고 마음의 평화를 유지하며 고요한 삶을 살고 자신의 부정적 감정을 통제하라고 말이다.

세네카의 글은 그와 비슷한 시대를 살았던 나사렛 예수의 설교를 떠오르게 한다. 따라서 기독교의 형이상학적 측면이 없음에도, 세네카의 사상은 종종 기독교 교리와 비교된다. 이를테면 세네카는 이렇게 썼다. "사람들에게 화내는 일을 피하려면 집단 전체를 용서해야 한다. 인류 전체를 용서해야 한다."4

에픽테토스는 서기 55년에 노예로 태어났다. 그는 황제의 서기관이 부리던 노예였고 그래서 궁중의 지적 분위기를 접했을 것이다. 네로 황제가 죽은 뒤 에픽테토스는 자유를 얻었다. 당시로서는 아주 드문 일은 아니었다. 그는 로마를 떠나 그리스 서부의 니코폴리스에 철학 학교를 세웠다. 어빈에 따르면, 에픽테토스는 학교를 찾아온 학생들이 학교를 떠날 때는 기분이 좋은 게 아니라 오히려 나쁘기를 바랐다고 한다. 마치 의사를 찾아갔다가 나쁜 소식을 들은 사람처럼 말이다.5

스토아 철학을 접하고 삶의 유한성을 성찰하는 법을 배우는 일은 소풍과는 거리가 멀다. 세네카처럼 에픽테토스도 인생철학을 다룬 글을 매우 실용적으로 썼다. 그는 모욕을 당한 일부터 무능한 노예에 이르기까지 온갖 상황을 묘사하고 그 상황을 어떻게 다룰지 조언한다. 다른 스토아 철학자들과 마찬가지로 그는 어려운 시기에도 평정심과 존엄을 지키라고 충고한다. 이런 삶은 우리의 본질적 요소인 이성을 토대로 삶을 살 때 가능하다. 예를 들어 에픽테토스는 우리가 통제할 수 있는 것과 할 수 없는 것을 구분하는 데 이성을 적용했다. 본질적으로 우리는 통제할 수 없는 날씨, 불황, 죽음에 대비해야 하지만 그것을 계속 붙들고 걱정하거나 두려워하는 것은 시간 낭비다. 차라리 우리가 통제할 수 있는 일, 이를테면 더 관대하고 윤리적이고 좋은 사람이 되도록 스스로 단련해야 한다. 통제할 수 있는 것과 없는 것을 구분하는 지혜를 얻기 위해선 약간의 이성만 있으면 된다.

철인 황제 마르쿠스 아우렐리우스(서기 121~180)는 어린 시절부터 철학과 지적 활동에 관심이 있었다. 어른이 되어서도 이런 관심을 잃지 않았고, 종종 생각하고 글을 쓰며 시간을 보냈다. 심지어 로마제국의 변방까지 원정을 나갔을 때도 그러했다.

아우렐리우스는 로마 역사상 가장 인간적인 황제 가운데 하나였다. 대부분의 다른 황제들과는 달리 사익에 관심이 없었고 정치활동에 국고를 낭비하지 않았다. 이를테면 전쟁을 지원하기 위해서 세금을 올리기보다는 황실 재산을 팔아 충당했다. 로마의 역사가 카시우스 디오에 따르면 아우렐리우스는 안토니우스 피우스 황제의 고문관으로 정치에 입문했던 시절부터 줄곧 변함이 없었다. 달리 말해 그는 자신의 고결함을 토대로 단단히 서서 선과 악에 대한 자신의 생각에 따라 변함없이 삶을 이끌었다.

아우렐리우스는 서기 180년 병으로 세상을 떠났다. 로마의 시민과 병사들 모두 그의 죽음을 애도했다. 그러나 아우렐리우스로 인해 스토아 철학에 대한 관심이 로마에서 크게 자라지는 않았다. 그는 자신의 인생철학을 주로 혼자 간직하고 있었다. 그의 가장 유명한 작품인『명상록』은 '나 자신에게'라는 제목으로도 불리며, 그가 죽은 뒤에야 발표되었다.

엄밀한 의미에서 스토아 철학자는 아니지만, 이 책에서 언급할 만한 로마인이 또 한 사람 있다. 로마의 문학과 사상을 말할 때 빼놓을 수 없는 키케로(기원전 106~143)다. 그는 정치인이었고 율리우스 카이사르의 죽음과도 연관이 있다. 키케로는 카이사르가 죽은 뒤 권력을 휘두른 마르쿠스 안토니우스를 비판하다가 목숨을 잃었다.

키케로는 스토아 철학자들을 '친구들'이라 불렀고, 철학이란 잘 죽는 일을 연습하는 것이라는 소크라테스의 말을 자주 인용했다. 키케로가 주로 다룬 주제는 좋은 삶과 좋은 죽음이었지만 그는 또한 공공선에도 관심이 있었다.

그의 걸작은 아마 『의무론』일 것이다. 거기서 그는 '사람은 이성적인 정치적 동물'이라는 아리스토텔레스의 개념을 토대로, 어떤 의무가 사람답게 사는 일과 관계가 있는지 탐구한다. 역사상 가장 훌륭한 정치적 글이 어떤 것인지 알고 싶다면, 키케로가 죽음의 공포와 우정, 의무를 비롯한 여러 주제에 대해 쓴 편지와 연설을 모은 『삶과 좋은 죽음에 대하여(On Living and Dying Well)』를 추천한다.[6]

현대에 이르러 실용 학문으로서 스토아 철학을 가장 예리하게 분석한 사람은 철학사가 피에르 아도다. 그는 스토아 철학의 주요 주제를 다음과 같이 네 가지로 요약했다.

1. 모든 존재가 혼자가 아니라, 더 큰 전체인 우주의 일부라

는 것.

2. 모든 악은 도덕적 악이기에, 순수한 도덕의식이 중요하
   다는 것.

3. 사람의 절대적 가치에 대한 믿음.

4. 현재의 강조. (처음이자 마지막으로 세상을 보는 것처럼
   살아라!)[7]

아도가 제시한 네 가지 핵심을 중심으로 『불안한 날들을
위한 철학』이 스토아 철학을 어떻게 선택적으로 적용했는지
살펴보자. 처음 세 가지 핵심은 많은 면에서 우리 책의 인간
관을 요약하기도 한다.

반면에 현재를 강조하는 스토아 철학의 특성은 딱히 끌어
오지 않았고 오히려 간접적으로 비판했다. 나는 우리가 '현
재'에 산다고 믿지 않는다. 더 길고 지속적인 시간을 산다고
믿는다. 현재를 강조하고, 한 개인이 '지금' 일어나는 일에
어떻게 영향을 받을지 스스로 결정할 수 있다는 생각은 요
즘의 자기계발 풍조와 무척 닮았다.

내가 보기에 이런 생각은 한 개인에게 너무 많은 책임을
지운다. 나는 우리가 현재에 어떻게 영향을 받을지 자유롭

게 선택할 수 있다고는 생각하지 않는다. 스토아 철학의 이상이 그런 사람이 되는 것이라면, 나는 이 점에서만큼은 스토아 철학에 이의를 제기하고 싶다. 스토아 철학자가 생각하는 것보다 우리는 훨씬 더 무능하다. 하지만 우리가 허약하다는 사실에 대한 깨달음은 내가 나에게 고립되지 않고 타인과 연대하는 중요한 계기가 될 수 있다.

우리 책은 스토아 철학을 무비판적으로 옹호하지 않는다. 하지만 끝도 없이 자기계발을 강요하는 시대의 흐름에 불편을 느끼는 사람들은 2천 년도 더 전에 살았던 사상가들에게서 중요한 지혜를 얻을 것이다. 단단히 서 있는 법을 가르쳐줄 만한 유용하고 깊이 있는 철학이 있었다는 사실에 힘을 얻을 것이다. 스토아 철학 같은 전통이 있다는 것을 깨닫는 것만으로도 가속화 문화의 삶에 더 잘 대처할 수 있다. 언제나 긍정하고, 쉼 없이 자기를 계발하고, 진정한 자아를 찾으라는 시대정신에 말대꾸할 대안이 있다는 사실만으로도 위안이 될 것이다. 나는 오늘날 타인과 사회에 대한 의무, 마음의 평화, 존엄을 지킬 것을 강조하는 인간 중심의 스토아 철학적 관점이 부활하리라 믿는다. 우리에게 그 어느 때보다 필요한 것, 정말로 좋고 필요한 것이 바로 단단히 그리고 함께 서 있는 법을 배우는 일이기 때문이다.

책머리에 | 있는 모습 그대로 행복할 순 없을까?

1. 자기계발 분야에 대한 내 관심은 10년 전 세실리 에릭슨Cecilie Eriksen과 함께 비평서 『Self-realisation: Critical Discussion of a Limitless Development Culture(자아실현: 끝없는 계발 문화의 비판적 검토)』(Klim, 2005)를 편집할 때 시작되었다.

프롤로그 | 열심히 살아도 당신이 계속 불안한 이유

1. 이 은유를 처음 쓴 사람은 사회학자 지그문트 바우만Zygmunt Bauman이다. 그의 책 『Liquid Modernity』(Polity, 2000)/『액체근대』(강, 2009)를 비롯해 사랑과 공포, 문화, 삶을 '액체'라는 개념의 관점에서 분석한 여러 저서를 참고하라.

2. 나는 이 문제를 『Theory & Psychology』, 18(2008), pp. 405-23에 실린 「Identity as Self-Interpretation(자기 해석으로의 정체성)」에서 분석했다.

3. 이 점은 사회학자 하르무트 로자Hartmut Rosa가 『Alienation and Acceleration: Towards a Critical Theory of Late Modern Temporality(소외와 가속화: 후기 근대 시간성에 대한 비판이론을 향해)』(NSU Press, 2010)와 『Social Acceleration: A New Theory of Modernity(사회적 가속: 새로운 근대성 이론)』(Columbia University

Press, 2015)에서 논증했다.

4. 덴마크 사회학자 아네르스 페테르센Anders Petersen은 이 점을 여러 차례 묘사했다. 『International Sociology』, 26(2011), pp. 5-24에 실린 「Authentic Self-realization and Depression(진정한 자아실현과 우울)」을 참고하라.

5. 순수한 관계라는 개념은 앤서니 기든스Anthony Giddens가 『Modernity and Self-Identity: Self and Society in the Late Modern Age』(Routledge, 1996)/『현대성과 자아정체성』(새물결, 2010)에서 제시했다.

6. 이 주제는 내가 편집한 『Det diagnosticerede liv-sygdom uden grænser(진단된 삶: 경계 없는 질병)』(Klim, 2010)에서 깊이 있게 다루었다.

7. 지그문트 바우만의 『Liquid Times: Living in an Age of Uncertainty』(Polity Press, 2007)/『모두스 비벤디: 유동하는 세계의 지옥과 유토피아』(후마니타스, 2010)에서 p. 84를 보라.

8. 스토아 철학의 실용적 면을 강조한 읽기 쉬운 입문서로는 윌리엄 B. 어빈William B. Irvine의 『A Guide to the Good Life: The Ancient Art of Stoic Joy』(Oxford University Press, 2009)/『직언: 죽은 철학자들의 살아 있는 쓴소리』(토네이도, 2012)를 보라.

9. 칼 세데르스트룀Carl Cederström과 앙드레 스파이서André Spicer의 책 『The Wellness Syndrome』(Polity Press, 2015)/『건강 신드롬』(민들레, 2016)을 보라.

1장 | 내면의 목소리에 귀 기울이지 말라

1. http://www.telegraph.co.uk/finance/businessclub/management-advice/10874799/Gut-feeling-still-king-in-business-decisions.html

2. http://www.femina.dk/sundhed/selvudvikling/5-trin-til-finde-din-mavefornemmelse

3. 『American Psychologist』, 45(1990), pp. 599-611에 실린 필립 쿠시먼Philip Cushman의 글 「Why the Self is Empty(왜 자아는 텅 비었는가)」를 참고하라.

4. 쇠렌 키르케고르S ø ren Kierkegaard, 『Either/Or』, 2부(Gyldendals Books Club, 1995)/『이것이냐 저것이냐』(치우, 2012), p. 173를 참고하라.

5. 아서 바스키Arthur Barsky 박사가 『New England Journal of Medicine』, 318(1988), pp. 414-18에 실린 「The Paradox of Health(건강의 역설)」에서 분석했다.

6. http://www.information.dk/498463을 보라.

7. 악셀 호네트Axel Honneth는 『European Journal of Social Theory』, 7(2004), pp. 463-78에 실린 「Organized Self-realization(조직된 자아실현)」을 비롯한 몇몇 글에서 이를 제기했다.

8. 이런 경향에 대한 분석은 뤼크 볼탕스키Luc Boltanski와 에브 쉬아펠로Eve Chiapello의 『The New Spirit of Capitalism(자본주의의 새로운 정신)』(Verso, 2005)을 보라.

9. 리처드 세넷Richard Sennett은 이 점을 여러 책에서 입증했다. 가장 잘 알려진 책으로는 『The Corrosion of Character: The Personal Consequences of Work in the New Capitalism』(W. W. Norton & Company, 1998)/『신자유주의와 인간성의 파괴』(문예출판사, 2002)가 있다. 모순을 만들어내는 자본주의의 본질은 마틴 하르트만Martin Hartmann과 악셀 호네트가 『Constellation』, 13(2006), pp. 41-58에 실린 「Paradoxes of Capitalism(자본주의의 모순)」에서 분석했다.

10. 장 자크 루소Jean Jacques Rousseau, 『Confessions』(1782)/『고백록1, 2』(나남, 2012).

11. 윌리엄 B. 어빈의 『A Guide to the Good Life: The Ancient Art of Stoic Joy』(Oxford University Press, 2009)/『직언: 죽은 철학자들의 살아 있는 쓴소리』(토네이도, 2012)에서 특히 7장을 보라.

2장 | 삶은 흐트성이라는 걸 받아들여라

1. 『Journal of Clinical Psychology』, 58(2002), pp. 965-92에 실린 「The Tyranny of the Positive Attitude in America: Observation and Speculation(미국에서 긍정적 태도의 독재: 관찰과 고찰)」을 예로 들 수 있다.

2. 이 점은 예를 들어 바버라 에런라이크Barbara Ehrenreich의 책 『Bright-sided: How the Relentless Promotion of Positive Thinking has Undermined America』(Metropolitan Books, 2009)/『긍정의 배신: 긍정적 사고는 어떻게 우리의 발등을 찍는가』(부키, 2011)에서 다루어지고 비판되었다.

3. 그의 흥미로운 게시물은 http://www.madinamerica.com/ 2013/12/10-ways-mental-health-professionals-increase-misery-suffering-people에서 볼 수 있다.

4. 나는 시몬 뇌르뷔Simon Nørby와 아네르스 뮈사크Anders Myszak 가 편찬한 『Positiv psykologi-en introduktion til videnskaben om velvœre og optimale processer(긍정 심리학: 웰빙과 최적과정의 과학)』(Hans Reitzels, 2008)에 실린 「Den positive psykologis filosofi: Historik og kritik(긍정 심리학의 철학: 역사와 비평)」에서 긍정 심리학을 훨씬 자세히 다루었다. 마틴 셸리그먼Martin Seligman의 가장 유명한 책은 『Authentic Happiness』(2002)/『마틴 셸리그만의 긍정 심리학』(물푸레, 2014)이다.

5. 라스뮈스 빌리Rasmus Willig의 『Kritikkens U-vending(비판의 유턴)』

(Hans Reitzels, 2013)을 보라.

6. 일간지 『Berlingske Tidende』에 실린 이 글은 온라인에서도 덴마크어로 볼 수 있다. http://www.b.dk/personlig-udvikling/positiv-psykologi-er-ikke-altid-lykken

7. http://www.laderweb.dk/Personale/Medarbejdersamtaler-MUS/Artikel/79932/Vardsattende-medarbejderudviklingssamtaler에서 옮김.

8. 바버라 헬드Barbara Held, 『Stop Smiling, Start Kvetching(미소 끝, 불평 시작)』(St Martin's Griffin, 2001).

9. 인용은 이레네 오스트리크Irene Oestrich의 자기계발서 『Bedre selvværd: 10 trin til at styrke din indre GPS(자존감 높이기: 내면의 GPS를 강화하는 10단계)』(Politiken, 2013)에서 옮겼다.

10. 윌리엄 B. 어빈, 『A Guide to the Good Life: The Ancient Art of Stoic Joy』(Oxford University Press, 2009)/『직언: 죽은 철학자들의 살아 있는 쓴소리』(토네이도, 2012)의 p. 69를 보라.

11. 세네카Seneca, 『인생철학Livsfilosofi』(모겐스 힌스베르게르Mogens Hindsberger가 엮은 세네카의 도덕 서한 선집)(Gyldendal, 1980), p. 64.

12. 이 문제는 올리버 버크먼Oliver Burkeman이 『The Antidote: Happiness for People Who Can't Stand Positive Thinking』(Canongate, 2012)/『합리적 행복: 불행 또한 인생이다』(생각연구소, 2013)에서 다루었다.

13. 사이먼 크리츨리Simon Critchley의 『How to Stop Living and Start Worrying(삶을 멈추고 걱정을 시작하는 법)』(Polity Press, 2010), p. 52에서 인용.

3장 | 때로는 과감히 '아니요'라고 말하라

1. 페르 슐츠 요르겐센Per Schultz Jorgensen, 『Styrk dit barns karakter-et forsvar for b ø rn, barndom og karakterdannelse(아이의 인격을 키워라: 어린이와 어린 시절, 인격형성을 옹호함)』(Kristelight Dagblads Forlag, 2014), p. 75.

2. http://www.toddhenry.com/living/learning-to-say-yes

3. 아네르스 포그 옌센Anders Fogh Jensen, 『Projektsamfundet(프로젝트 사회)』(Aarhus University Press, 2009).

4. 사이먼 크리츨리의 『삶을 멈추고 걱정을 시작하는 법How to Stop Living and Start Worrying』(Polity Press, 2010), p. 34..

5. 닐스 크리스티Nils Christie의 『Small Words for Big Questions(인생의 큰 질문을 위한 작은 말들)』(Mindspace, 2012), p. 45. 이 멋진 작은 책을 내게 알려준 앨란 홈그렌Allan Holmgren에게 감사한다.

6. 예를 들면 리처드 로티Richard Rorty의 『Contingency, Irony and Solidarity』(Cambridge University Press, 1989)/『우연성 아이러니 연대성』(민음사, 1996)에서 이런 생각을 볼 수 있다.

7. 한나 아렌트Hannah Arendt, 『The Human Condition』(University of Chicago Press, 1998)/『인간의 조건』(한길사, 1996), p. 279.

4장 | 감정의 노예가 되지 말라

1. 이는 쇠렌 키르케고르가 다루는 주요 주제다. 예를 들어 『죽음에 이르는 병』에서 자아는 자기 자신과 맺는 관계로 정의된다. 나는 노르웨이 심리학자 올레 야코브 마센Ole Jacob Madsen과 함께 창세기 이야기 속에 숨은 심리학을 『Cultural Studies ↔ Critical Methodologies』, 12(2012), pp. 459-67에 실린 「Lost in Paradise: Paradise Hotel and the Showcase of Shamelessness(낙원에서 길을 잃다: 파라다이스 호

텔과 뻔뻔함의 쇼케이스)」에서 설명했다.

2. 좋은 참고 자료는 지그문트 바우만의 『Liquid Times: Living in an Age of Uncertainty』(Polity Press, 2007)/『모두스 비벤디: 유동하는 세계의 지옥과 유토피아』(후마니타스, 2010)다.

3. http://coach.dk/indlaeg-om-coaching-og-personlig-udvikling/lever-du-et-passioneret-liv/350

4. 이 주제를 다룬 에바 일루즈Eva Illouz의 책은 『Cold Intimacies: The Making of Emotional Capitalism』(Polity Press, 2007)/『감정 자본주의: 자본은 감정을 어떻게 활용하는가』(돌베개, 2007)다.

5. 앨리 러셀 혹실드Arlie Russell Hochschild는 이런 감정노동을 『The Managed Heart: Commercialization of Human Feeling』(University of California Press, 1983)/『감정노동: 노동은 우리의 감정을 어떻게 상품으로 만드는가』(이매진, 2009)에서 묘사했다.

6. 리처드 세넷, 『The Fall of Public Man(공적 인간의 몰락)』(Penguin, 2003, 초판 발행은 1997).

7. E 하버그E. Harburg 외, 『Psychosomatic Medicine』, 65(2003), pp. 588-97에 실린 「Expressive/Suppressive Anger Coping Responses, Gender, and Types of Mortality: A 17-Year Follow-Up(표현적/억압적 분노 대처 반응과 성, 도덕성의 형태: 17년 추적 연구)」.

8. C. H. 소머스C. H. Sommers와 S. 사텔S. Satel, 『One Nation Under Therapy: How the Helping Culture is Eroding Self-Reliance(치료 아래 하나된 국가: 치료 문화는 어떻게 자립을 파괴하는가)』(St. Martin's Press, 2005), p. 7.

9. R. 바우마이스터R. Baumeister 외, 『Psychological Science in the Public Interest』, 4(2003), pp. 1-44에 실린 「Does High Self-esteem Cause Better Performance, Interpersonal Success, Happiness, or Healthier Lifestyles?(높은 자존감이 더 나은 성과, 대인 관계의 성공,

행복, 더 건강한 라이프스타일을 낳는가?)」를 보라.

10. 이 연구는 바버라 헬드의 『Stop Smiling, Start Kvetching(미소 끝, 불평 시작)』에서 논의되었다.

11. 세네카, 『Om Vrede, om mildhed, om sindsro(화에 대하여, 관대함에 대하여, 마음의 평화에 대하여)』(Gyndendal, 1975).

12. 이 예는 윌리엄 B. 어빈의 『A Guide to the Good Life: The Ancient Art of Stoic Joy』(Oxford University Press, 2009)/『직언: 죽은 철학자들의 살아 있는 쓴소리』(토네이도, 2012), p. 79에서 언급되었다.

5장 | 멘토를 좇는 대신 우정을 쌓아라

1. 이 분석은 내가 쓴 글「Coachificeringen ar tilværelsen(삶의 코칭화)」, 『Dansk Pædagogisk Tidsskrift』, 3(2009), pp. 4-11을 토대로 한다.

2. 종교사회학들은 심리치료와 코칭, 뉴에이지 산업 같은 요즘 관행에서 자아를 신성화하는 것을 일컫기 위해 '신성화된 자아the sacralised self'라는 용어를 오랫동안 사용했다. 올레 야코브 마센Ole Jacob Madsen, 『Det er innover vi må gå(그리고 우리는 내면으로 가야 한다)』(Unicersitetsforlaget, 2014), p. 101을 보라.

3. 이는 직장 생활을 예리하게 연구한 키르스텐 마리 보우베르Kirsten Marie Bovbjerg의 주요 주제 가운데 하나다. 「Selvrealisering i arbejdslivet(직장에서의 자아실현)」, 스벤 브링크만과 세실리 에릭센Cecilie Eriksen(편집), 『Self-realisation: Critical Discussion of a Limitless Development Culture(자아실현: 끝없는 계발 문화의 비판적 검토)』(Klim, 2005).

4. 『Berlingske Nyhedsmagasin』, 31(October, 2007)에 실린 글을 보라.

5. 라스뮈스 빌리의 『Kritikkens U-vending(비판의 유턴)』(Hans Reitzels, 2013)을 보라.

6. 긍정 심리학은 일종의 자발적 자선 행위인, 이른바 '임의의 친절 random kindness'도 추천한다. 하지만 이런 임의의 친절을 베푸는 동기는 친절을 베푸는 사람의 기분을 좋게 만드는 것이다. 나는 친절을 베푸는 행동은 베푸는 사람의 기분에 관계없이 그 자체로 가치 있다고 주장하고 싶다. 우리는 우리 기분이 좋아지기 때문이 아니라 그것 자체로 좋은 행동이기 때문에 좋은 행동을 해야 한다. 물론, 좋은 행동을 하고 난 뒤 기분이 좋아졌다면 나쁘지 않다.

6장 | 소설을 읽어라

1. 찰스 테일러Charles Taylor, 『The Ethics of Authenticity(진정성의 윤리)』(Harvard University Press, 1991), p. 15.

2. 몇몇 전기만 이런 범주에 들어간다는 것을 지적해야겠다. 모든 전기가 단선적이거나 사소하지는 않다. 사실 나는 전기와 자서전을 꽤 열심히 탐독하는 독자다. 하지만 장르의 관습을 무시하는 전기나 자서전이 좋다.

3. 올레 야코브 마센의 『Optimizing the Self: Social Representations of Self-help(자아 최적화: 자기계발의 사회적 표상들)』(Routledge, 2015).

4. 토머스 H. 닐슨Thomas H. Nielsen, 「En uendelig række af spejle— litteraturen og det meningsfulde liv(무한한 거울: 문학과 의미 있는 삶)」, C Eriksen(편집), 『Det meningsfulde liv(의미 있는 삶)』(Aarhus Universitetsforlag, 2003)을 보라.

5. 얀 셰르스타Jan Kjærstad, 「Når virkeligheden skifter form(현실이 변신할 때)」, 『Information』(30 September 2011)를 보라.

6. 푸코 사후에 출간된 『Technologies of the Self』(Tavistock, 1988)/『자기의 테크놀로지』(동문선, 1997)을 보라.

7. 「On the Genealogy of Ethics: An Overview of Work in Progress(윤리의 계보학에 대해)」, P. Rabinow(편집) 『The Foucault Reader』(Penguin, 1984).

8. 우엘벡Houellebecq에 대한 의견은 「Literature as Qualitative Inquiry: The Novelist as Researcher(질적 연구로서의 문학: 연구자로서의 소설가)」, 『Qualitative Inquiry』, 15(2009), pp. 1376-94를 토대로 썼다.

9. 미셸 우엘벡Michel Houellebecq, 『Atomised』(Vintage, 2001)/『소립자』(열린책들, 2009), p. 252.

10. 휴버트 드레이퍼스Hubert Dreyfus와 숀 켈리Sean Kelly, 『All Things Shining: Reading the Western Classics to Find Meaning in a Secular Age』(Free Press, 2011)/『모든 것은 빛난다: 허무와 무기력의 시대, 서양 고전에서 삶의 의미 되찾기』(사월의책, 2013).

11. 오스카 와일드Oscar Wilde, 『The Complete Works』(Magpie, 1993), p. 32.

7장 | 당신이 뿌리내릴 곳을 찾아라

1. http://www.ankerhus.dk/teori_u.html

2. 사이먼 크리츨리의 『삶을 멈추고 걱정을 시작하는 법How to Stop Living and Start Worrying』(Polity Press, 2010), p. 118.

3. 이런 기본적인 관점을 옹호한 자료로는 토마스 테울로브 로브Thomas Thaulov Raab와 페테르 룬 마센Peter Lund Madsen의 대중적인 과학책 『A Book About Memory(기억에 관한 책)』(FACL's Publishing, 2013)을 보라.

4. 덴마크에서 이런 관점은 내 동료 교수 레네 탕고르Lene Tanggard가 제기했다.

5. 폴 리쾨르Paul Ricoeur, 『Oneself as Another』(University of Chicago

Press, 1992) / 『타자로서 자기 자신』(동문선, 2006), p. 158를 보라.

6. 인용문은 앨러스데어 매킨타이어Alasdair MacIntyre의 책 『Whose Justice? Which Rationality?(누구의 정의? 무슨 합리성?)』(University of Notre Dame Press, 1988), p. 12에서 인용했다.

7. 여기에 인용된 세네카의 글은 모두 『On the Shortness of Life(삶의 짧음에 대하여)』(Vindrose, 1996), p. 30에서 인용했다.

에필로그 | 조금 삐딱한 시선으로, 함께 행복을 찾는 법

1. 이 책에서 나는 '의무 다하기doing your duty'라는 구절을 자주 쓰지만 그 개념을 정의하지는 않았다. 의무는 추상적이 아니라 늘 구체적이라고 생각하기 때문이다. 사람들은 다른 사람들과 맺는 구체적인 관계에 따라 의무를 지닌다. 우리는 어머니, 아버지, 관리자, 직원, 선생님, 학생 등에게 해야 할 의무가 있다. K. E. 뢰그스트룹K. E. Løgstrup은 『Den etiske fordring(윤리적 요구)』에서 우리 자신이 아니라 다른 사람의 이익을 위해 그들에게 영향력을 행사해야 한다고 말한다. 뢰그스트룹이 쓴 '윤리적 요구'는 내가 이 책에서 쓰는 의무라는 개념과 가깝다. 둘 다 열려 있고 구체적인 개념이다. 『Den etiske fordring(윤리적 요구)』(Glyndendal, 1991, 초판 발행 1956)를 보라.

2. 내가 보기에 가장 흥미로운 실용주의 철학자는 존 듀이John Dewey다. 나는 『John Dewey: Science for a Changing World(존 듀이: 변화하는 세상을 위한 과학)』(Transaction Publishers, 2013)을 비롯해 듀이에 관한 논문과 책을 여럿 썼다.

부록 | 불행을 이기는 스토아 철학

1. 이 문제는 앨러스데어 매킨타이어가 『Dependent Rational Animals:

Why Human Beings Need the Virtues(의존적인 이성적 동물: 왜 인간은 덕을 필요로 하는가)』(Carus Publishing Company, 1999)에서 주로 다루는 주제다. 이 책에서 매킨타이어는 허약한 동물이라는 우리의 존재를 덕에 기반을 둔 윤리 체계의 핵심으로 여긴다.

2. 철학에 대한 역사적 고찰은 주로 윌리엄 B. 어빈의 『A Guide to the Good Life: The Ancient Art of Stoic Joy』(Oxford University Press, 2009)/『직언: 죽은 철학자들의 살아 있는 쓴소리』(토네이도, 2012)를 참고했다.

3. 이 이야기는 찰스 테일러가 『Sources of the Self: The Making of the Modern Identity』(Cambridge University Press, 1989)/『자아의 원천들: 현대적 정체성의 형성』(새물결, 2015)에서 잘 다루었다.

4. 세네카, 『Om Vrede, om mildhed, om sindsro(화에 대하여, 관대함에 대하여, 마음의 평화에 대하여)』(Gyndendal, 1975), p. 27.

5. 윌리엄 B. 어빈, 『A Guide to the Good Life: The Ancient Art of Stoic Joy』(Oxford University Press, 2009)/『직언: 죽은 철학자들의 살아 있는 쓴소리』(토네이도, 2012), p. 52.

6. 키케로Cicero, 『On Living and Dying Well(삶과 좋은 죽음에 대하여)』(Penguin Classics, 2012).

7. 피에르 아도Pierre Hadot, 『Philosophy as a Way of Life(삶의 방식으로서의 철학)』(Blackwell, 1995), p. 34.

옮긴이 강경이

대학에서 영어교육을, 대학원에서 비교문학을 공부했다. 좋은 책을 발굴하고 소개하는 번역 공동체 모임인 펍헙번역그룹 회원으로 활동하고 있다. 옮긴 책으로는 『나는 히틀러의 아이였습니다』, 『예술가로서의 비평가』, 『철학이 필요한 순간』, 『절제의 기술』, 『프랑스식 사랑의 역사』, 『걸 스쿼드』, 『길고 긴 나무의 삶』, 『과식의 심리학』, 『천천히, 스미는』, 『그들이 사는 마을』, 『오래된 빛』, 『아테네의 변명』 등이 있다.

철학자가 들려주는 행복한 개인으로 사는 법

불안한 날들을 위한 철학

초판 1쇄 발행 2017년 5월 8일
개정판 1쇄 인쇄 2022년 1월 21일
개정판 1쇄 발행 2022년 1월 28일

지은이 스벤 브링크만
옮긴이 강경이
펴낸이 김선식

경영총괄 김은영
책임편집 김대한 책임마케터 박태준
콘텐츠사업4팀장 김대한 콘텐츠사업4팀 황정민, 임소연, 박혜원, 옥다애
마케팅본부장 권장규 마케팅4팀 박태준
미디어홍보본부장 정명찬 홍보팀 안지혜, 김민정, 이소영, 김은지, 박재연, 오수미, 이예주
뉴미디어팀 허지호, 임유나, 송희진, 홍수경
저작권팀 한승빈, 김재원 편집관리팀 조세현, 백설희
경영관리본부 하미선, 박상민, 김민아, 윤이경, 이소희, 이우철, 김혜진, 김재경, 최완규, 이지우
외부스태프 디자인 design co•kkiri

펴낸곳 다산북스 출판등록 2005년 12월 23일 제313-2005-00277호
주소 경기도 파주시 회동길 490 다산북스 파주사옥 3층
전화 02-704-1724
팩스 02-703-2219 이메일 dasanbooks@dasanbooks.com
홈페이지 www.dasanbooks.com 블로그 blog.naver.com/dasan_books
종이 (주)한솔피앤에스 인쇄 민언프린텍 제본 국일문화사 후가공 제이오엘엔피

ISBN 979-11-306-7983-9 (03100)